编 委 会

主　编：陈晓华　吴家富

副主编：向永清　袁道红　李伟周

委　员（排名不分前后）：陈立胜　方　鹏　李立中

倪泽航　李惠晨　韩　钊　尚普贺　郭　枫

王　彦　郭玉峰　姚清高　郑　跃　简金秋

荣梓铭　马　丽　周柔束

数字化转型理论与实践系列丛书

数字经济大变革

主编：陈晓华　吴家富
副主编：向永清　袁道红　李伟周

电子工业出版社
Publishing House of Electronics Industry
北京·BEIJING

内 容 简 介

本书围绕数字经济这一核心主题，从数字经济的发展历史、数字经济的本质和原理、数字经济发展所面临的机遇与挑战、数字经济的三个核心要素、数字经济与产业发展等几个方面对这一轮数字经济革命进行了全面的、系统性的阐述，对个人而言，如何把握数字经济带来的成长机会；对企业和组织而言，如何把握数字经济带来的未来发展机会；对国家和社会而言，如何在数字经济的浪潮下实现可持续发展，这些问题都将在本书中寻找到对应的解决方案。

本书不仅适合数字化领域相关从业人员阅读，还适合急需通过数字技术完成转型的企业、组织的管理人员参考，更会给对数字经济感兴趣的社会各界人士带来启发与帮助。

未经许可，不得以任何方式复制或抄袭本书之部分或全部内容。
版权所有，侵权必究。

图书在版编目（CIP）数据

数字经济大变革 / 陈晓华等主编. —北京：电子工业出版社，2023.6
（数字化转型理论与实践系列丛书）
ISBN 978-7-121-45606-0

Ⅰ. ①数… Ⅱ. ①陈… Ⅲ. ①信息经济－研究 Ⅳ.①F49

中国国家版本馆 CIP 数据核字（2023）第 082734 号

责任编辑：牛平月
印　　刷：北京天宇星印刷厂
装　　订：北京天宇星印刷厂
出版发行：电子工业出版社
　　　　　北京市海淀区万寿路 173 信箱　邮编：100036
开　　本：720×1000　1/16　印张：15.25　字数：297.6 千字
版　　次：2023 年 6 月第 1 版
印　　次：2023 年 6 月第 1 次印刷
定　　价：68.00 元

凡所购买电子工业出版社图书有缺损问题，请向购买书店调换。若书店售缺，请与本社发行部联系，联系及邮购电话：(010) 88254888，88258888。
质量投诉请发邮件至 zlts@phei.com.cn，盗版侵权举报请发邮件至 dbqq@phei.com.cn。
本书咨询联系方式：(010) 88254454，niupy@phei.com.cn。

数字经济时代已来,你准备好了吗?

序

当今世界，新一轮科技革命和产业变革突飞猛进，大国之间政经关系转变。过去三年，在世界范围内新冠疫情的冲击下，百年变局加速演进。世界经济受到重挫，全球产业链、供应链重组，正在重塑世界竞争格局，改变国家间的力量对比。许多国家都在寻找新的经济增长点。其中，数字经济已成为打造经济发展新高地、应对国际激烈竞争、抢抓战略制高点的重要手段。在巨大的不确定性之中，数字经济正在成为重组全球要素资源、重塑全球经济结构、改变全球竞争格局的关键力量，将点燃助推世界经济高质量发展的"数字引擎"，成为当今世界经济发展的主要驱动力。

发展数字经济已经上升至国家战略，从中央到地方，进行了前所未有的强有力的规划和政策部署，加快推动数字经济发展。2021年10月18日，中共中央政治局就推动我国数字经济健康发展进行了第三十四次集体学习。习近平总书记强调指出，要站在统筹中华民族伟大复兴战略全局和世界百年未有之大变局的高度，统筹国内国际两个大局、发展安全两件大事，充分发挥海量数据和丰富应用场景优势，促进数字技术与实体经济深度融合，赋能传统产业转型升级，催生新产业新业态新模式，不断做强做优做大我国数字经济。

国家"十四五"发展规划将"加快数字化发展，建设数字中国"单独成篇，从打造数字经济新优势、加快数字社会建设步伐、提高数字政府建设水平、营造良好数字生态等四个方面，对未来"数字中国"建设做出了顶层设计。并首次提出数字经济核心产业增加值占 GDP 比重这一新经济指标，明确要求我国数字经济核心产业增加值占 GDP 的比重要由 2020 年的 7.8%提升至 10%。北京、上海、浙江、四川、山东、湖南、湖北、江苏、江西等多地完善政策措施，出台了各地"十四五"数字经济的发展规划。

2021 年 11 月，中国正式申请加入《数字经济伙伴关系协定》（DEPA），体现出中国高度重视在新发展格局下加强国际数字经济领域合作、促进创新和可持续发展。

中国具有发展数字经济的基础条件和战略契机，并且取得了显著成就。我国拥有世界上最完备的产业结构和产业链，具有全球数量最大的互联网人群和智能手机用户群体，我国成熟的网上支付体系，发达的通信网络设施，廉价的物流系统以及完备的法律法规体系，使得数字经济发展具有天然基础，基于线上统一的大市场释放出充足的内需潜力。

数据显示，2017 年到 2021 年，我国数字经济规模从 27.2 万亿元增至 45.5 万亿元，总量稳居世界第二，年均复合增长率达 13.6%，占国内生产总值比重从 32.9%提升至 39.8%。截至 2021 年 6 月底，中国建成 5G 基站 96.1 万个，5G 网络已覆盖全国所有地级城市、95%以上的县域地区、35%的乡镇地区。制造业数字化转型全面提速，工业互联网平台接入设备总量已超过 7000 万台（套），重点领域关键工序数控化率、数字化研发设计工具普及率分别达到 53.7%和 73.7%等。"十三五"期间，我国数字经济实现了跨越式发展。

2022 年，我国数字经济规模达到 50.2 万亿元，同比名义增长 10.3%，已连续 11 年显著高于同期 GDP 名义增速，数字经济占 GDP 比重相当于第二产业占国民经济的比重，达到 41.5%。

2022 年 12 月，我国首份专门针对数据要素的基础性文件"数据二十条"——《中共中央 国务院关于构建数据基础制度更好发挥数据要素作用的意见》发布。"数据二十条"将对我国数据要素的发展起到"指南针"作用：从总体要求、建立数据产权制度、建立数据要素流通和交易制度、建立数据要素收益分配制度、建立数据要素治理制度和保障措施六个维度提出具体意见。破解数据资源化中的基础难题，释放数据要素基础价值。

只有坚持高水平科技自立自强，才能把发展数字经济自主权牢牢掌握在自己手中。数字科技对经济社会各领域的渗透性、扩散性、颠覆性越来越强。5G、物联网、大数据、云计算、人工智能、区块链等新一代信息技术的加快应用，形成发展数字经济的强大动力。相比美国等发达国家，我们缺少重大原创成果，在基础理论、核心算法以及关键设备、高端芯片、重大产品与系统、关键基础材料和元器件、软件与接口等方面差距较大，还有不少受制于人的瓶颈短板。要健全新型举国体制，加大对数字经济关键核心技术和重要产品、装备的攻关力度，集中力量解决一批"卡脖子"问题，加快工程化产业化突破。

技术创新有其自身的规律，具有投入大、高风险、回报周期长等特性，最终还需要接受市场的检验。因此，完善创新激励制度，营造公平公正的创新环境，健全技术资源开放和共享机制，发挥企业在技术创新中的主体作用，着力打造科技、教育、产业、金融深度融合的创新体系，坚持国际科技开放合作，更加主动融入全球创新网络，在开放中提升自身科技创新能力，是数字经济持续创新发展的重要保障。

《数字经济大变革》一书是作者在数字经济领域多年积累成果的呈现，本书基于新一代信息技术与实体经济的深度融合探索、发展数字经济与重构治理模式提出宝贵的经验，涵盖多项该领域典型企业的实践案例，对研究中国数字经济理论体系与政府企业数字化转型实践都具有一定的借鉴和指导作用，也衷心希望更多专家学者共同参与到这项伟大事业之中，为推动中国数字经济高质量发展贡献自己的力量。

第一届国务院国有重点大型企业监事会主席

前 言

20世纪40年代,世界上第一台通用计算机ENIAC在美国宾夕法尼亚大学诞生,标志着人类正式迈进数字经济时代的大门。

经过近80年的发展,数字经济总体规模快速增长,发展质量逐年上升,应用场景日益丰富。尤其是近十年来,随着云计算、移动互联网、大数据、人工智能、区块链、5G、VR/AR、元宇宙等新技术、新场景的不断涌现,数字经济正在全面影响着国家、社会、企业和个人的发展,数字经济大变革正如时代洪流般涌来。

数字经济是继农业经济和工业经济之后,人类社会所出现的第三种经济形态,它是一种比农业经济和工业经济更高级的经济形态。数字经济以数据为主要生产要素,以数字技术创新为主要驱动力,形成区别于传统商业模式的全新商业模式,从而推动各行各业的数字化升级,以达到提升产业竞争力的目的。

数字化的浪潮正在席卷全球,对于每一个人、每一个组织来说,数字经济都是一次巨大的机会,也给我们带来了足够的挑战。新的商业模式、新的商业蓝海、新的娱乐方式、新的用户体验,等等,这些都是数字经济带给我们的机会。然而，数字安全、数字欺诈、数字隐私、数字犯罪，等等，也正在严重威胁着数字经济的健康发展。

对于国家和社会来说，如何才能把握数字经济的巨大机会呢？当前，美国、日本、韩国、德国等国家数字经济的发展走在世界前列，中国这几年数字经济发展也在迎头赶上，但是，随着美国对中国开展"科技战"，持续打压限制中国高新技术企业，我们的科技短板也愈发明显，尤其是在基础科学和"硬科技"领域，我们和世界一流水平的差距还很远，比如基础科学研究、光刻机技术、芯片技术、工业软件技术、脑机接口技术、飞机发动机技术等。如何破局？如何突破高科技封锁？如何打赢这场旷日持久的"科技战"？这些是我们每个人都需要深入思考的问题。

对于企业来说，应如何直面数字经济带来的挑战，迎接数字经济时代的巨大机会呢？第一，企业要积极拥抱数字经济带来的变化，认识数字经济巨大的商业价值；第二，企业要积极开展数字化转型相关行动，推动企业思维从传统思维向数字化思维升级；第三，积极推行数字化相关企业文化，推动组织的数字化转型；第四，应用数字化技术全面赋能各业务线的转型升级，通过商业模式创新，从数字经济中发现企业的第二增长曲线；第五，全面提升企业对市场需求反馈的灵敏度，积极拥抱变化，使企业能够快速、从容应对复杂商业环境带来的各种挑战。

对个人而言，在数字经济时代，要想立于不败之地，唯一的办法就是终身学习。终身学习将成为数字经济时代个人最重要的软技能。除此之外，拥有数字化的思维、数字化的技能也将成为个人最重要的竞争力。在数字世界生活、学习和工作将成为我们每个人的常态，我们唯一能做的事情就是积极去拥抱这种常态，去拥抱这种全新的生活、学习和工作方式带来的新变化、新体验。

目 录

第一篇　紧握数字经济时代脉搏

第 1 章　数字经济发展简史　/ 2

1.1　PC 时代：大浪淘沙，数字经济的启蒙期　/ 3

1.2　互联网时代：群雄逐鹿，数字经济的发展期　/ 8

1.3　数字经济的发展现状：成为世界经济的主战场　/ 10

1.4　人工智能时代：日新月异，数字经济的成熟期　/ 11

1.5　数字经济发展趋势：重构社会经济发展秩序　/ 14

第 2 章　数字经济的基本原理　/ 16

2.1　数字经济的定义　/ 16

2.2　数字经济的本质及内涵　/ 17

2.3　数字经济的总体框架　/ 20

2.4　数字经济的三大定律　/ 21

2.5　数字经济的价值分析　/ 23

2.6　数字经济助推新时代我国经济高质量发展的现状　/ 25

2.7　数字经济助推经济高质量发展的有效路径　/ 26

第 3 章　CHAPTER 3　紧握数字经济时代脉络　/ 30

3.1　巨浪滔天：数字经济的发展机会　/ 30

3.2　风雨欲来：数字经济的挑战　/ 32

3.3　数字经济相关的政策解读　/ 35

3.4　发展新动力：数字经济与社会发展　/ 43

3.5　增长新引擎：数字经济与企业增长　/ 46

3.6　成长新趋势：数字经济与个人成长　/ 50

第二篇　数字经济的核心要素

第 4 章　CHAPTER 4　数据：数字经济的核心生产要素　/ 54

4.1　数据作为生产要素：数字经济的基石　/ 55

4.2　数据融合：让数据更有价值　/ 60

4.3　数据治理：数字经济发展的基础　/ 61

4.4　数据资产：管理与变现　/ 63

4.5　建设组织的数字资产体系　/ 69

第 5 章　CHAPTER 5　技术创新：数字经济的核心驱动力　/ 72

5.1　云计算：数字经济的核心技术基础设施　/ 72

5.2　大数据和工人智能：数字经济的大脑　/ 75

5.3 区块链技术：数字经济的信用底座 / 78

5.4 5G：数字经济的中枢神经 / 80

5.5 物联网：数字经济的"五官" / 83

第 6 章 CHAPTER 6　新商业模式：数字经济可持续发展之路 / 86

6.1 数字产业化 / 86

6.2 产业数字化 / 87

6.3 产业互联网 / 89

6.4 数字人民币 / 89

6.5 XaaS：一切皆服务 / 91

6.6 恰到好处：找到最适合的商业模式 / 99

第三篇　大力发展数字经济产业

第 7 章 CHAPTER 7　工业互联网 / 116

7.1 工业互联网：制造业数字化转型的基础设施 / 116

7.2 工业互联网的总体业务视图 / 118

7.3 工业互联网平台发展路径 / 123

7.4 工业互联网典型案例分析 / 127

7.5 工业互联网的发展趋势 / 130

第 8 章 CHAPTER 8　数字产业化 / 133

8.1 电子产业：集成电路与芯片制造 / 134

8.2 通信产业：5G与卫星互联网 / 136

8.3 大数据产业：人工智能与智能硬件 / 141

8.4 互联网产业：消费互联网与产业互联网 / 151

第 9 章 产业数字化 / 153
CHAPTER 9

9.1 数字经济与乡村振兴 / 154

9.2 数字经济与智慧城市建设 / 163

9.3 数字经济与政府数字化转型 / 164

9.4 数字经济与传统产业转型升级 / 168

第 10 章 打造有竞争力的数字产业体系 / 172
CHAPTER 10

10.1 数字经济产业体系图谱 / 173

10.2 百花齐放：建设有竞争力的数字人才队伍 / 176

10.3 数字经济产业发展建议 / 177

第 11 章 数字经济产业发展典型案例分析 / 179
CHAPTER 11

11.1 数字农业：以江西省为例 / 179

11.2 乾程科技数字化转型与探索 / 185

11.3 美立刻数字化转型之路 / 192

11.4 山东德鲁泰信息科技股份有限公司数字化转型之路 / 198

11.5 易宝支付有限公司助力产业数字化转型之路 / 204

11.6 徐州拓普互动智能科技有限公司数字化转型之路 / 208

11.7 江苏新蝶助力数字化转型之路 / 215

11.8 中工创智信息科技（江苏）有限公司数字化转型之路 / 220

参考文献 / 224

第一篇
紧握数字经济时代脉搏

第 1 章
数字经济发展简史

"数字经济"一词最早出现于互联网发展初期。1995 年,OECD[1]详细阐述了数字经济的发展,认为在互联网技术的推动下,人类将由以机械加工为主的工业经济时代进入以信息加工为主的数字经济时代。

1996 年,美国经济学家 Don Tapscott(唐·塔斯考特)在《数字经济:智力互联时代的希望与风险》一书中首次将数字经济描述成基于人类智力互联的全新经济形式,计算机和互联网技术的发展将极大催生新的经济模式和商业模式,因此,Don Tapscott 也被称为"数字经济之父"。

1998 年,美国商务部将数字经济的特征概括为:基础设施是互联网,先导技术是信息技术,带头和支柱产业是信息产业,而经济增长的发动机则是电子商务。

---

1 OECD:经济合作与发展组织(Organization for Economic Co-operation and Development),是由 38 个市场经济国家组成的政府间国际经济组织,旨在共同应对全球化带来的经济、社会和政府治理等方面的挑战,并把握全球化带来的机遇。OECD 成立于 1961 年,目前成员国总数 38 个,总部设在巴黎。

2016 年,《二十国集团数字经济发展与合作倡议》重新确定了数字经济的定义:"关键生产要素是数字化的知识和信息、重要载体是现代信息网络、重要推动力是信息通信技术的有效使用,最终达到效率提升和经济结构优化的一系列经济活动"。

继 2017 年、2019 年、2020 年先后被写入政府工作报告之后,"数字经济"在 2021 年第四次被写入政府工作报告,2021 年的政府工作报告中明确指出,要加快数字化发展,打造数字经济新优势,协同推进产业数字化和数字产业化的转型,加快建设数字化社会,提升数字政府建设水平,营造良好数字生态,建设数字中国。

1.1 PC 时代:大浪淘沙,数字经济的启蒙期

1946 年,世界上第一台计算机诞生,它的名字叫 ENIAC,全称为 Electronic Numerical Integrator And Computer,即电子数字积分计算机。ENIAC 是世界上第一台通用计算机,也是继 ABC(阿塔纳索夫-贝瑞计算机)之后的第二台电子计算机。

ENIAC 是图灵完备[2]的电子计算机,能够对其进行编程,解决各种计算问题。

---

2 图灵完备:是指在可计算性理论里,一系列操作数据的规则(如指令集、编程语言、细胞自动机)可以用来模拟单带图灵机。这个词源于引入图灵机概念的数学家艾伦·图灵。图灵完备性通常指"具有无限存储能力的通用物理机器或编程语言",虽然图灵机会受到储存能力的物理限制。

第一台通用计算机 ENIAC

ENIAC 于 1946 年 2 月 14 日在美国宾夕法尼亚大学宣告诞生。承担开发任务的"莫尔小组"由四位科学家和工程师组成,他们是埃克特、莫克利、戈尔斯坦、博克斯。其中,总工程师埃克特当时仅 25 岁。ENIAC 的诞生正式标志着人类开始进入数字经济时代。

莫克利(左)与埃克特(右)

ENIAC 长 30.48 m，宽 6 m，高 2.4 m，占地面积约 170 m²，有 30 个操作台，耗电量为每小时 150 kW，造价为 48 万美元。它包含了 17468 个真空电子管、7200 个晶体二极管、1500 个中转、70000 个电阻器、10000 个电容器、1500 个继电器、6000 多个开关，计算速度是每秒 5000 次加法或 400 次乘法，是使用继电器运转的机电式计算机的 1000 倍、手工计算的 20 万倍。

第一台通用计算机的诞生，除了当时直接参与研制的"莫尔小组"，不得不提的是另外的两位关键科学家：艾伦·麦席森·图灵和冯·诺依曼，他们分别奠定了现代计算机科学和工程的基础。

艾伦·麦席森·图灵，英国数学家、逻辑学家，被称为"计算机科学之父""人工智能之父"。1931 年图灵进入剑桥大学国王学院，毕业后到美国普林斯顿大学攻读博士学位，第二次世界大战爆发后回到剑桥，后曾协助军方破解德国的著名密码系统 Enigma，帮助盟军取得了二战的胜利。图灵对于人工智能的发展有诸多贡献，提出了一种用于判定机器是否具有智能的试验方法，即图灵试验。至今，每年都会有图灵试验相关的比赛在世界各地举办。此外，图灵提出的著名的图灵机模型为现代计算机的逻辑工作方式奠定了基础。

艾伦·麦席森·图灵

冯·诺依曼，是在计算机历史上做出卓越贡献的应用数学家，是现代计算机、博弈论、核武器和生化武器等领域的科学全才之一，被后人称为"计算机之父""博弈论之父"。

冯·诺依曼

冯·诺依曼对现代信息产业的最大贡献是提出了冯·诺依曼机（Von Neumann Machine），又称冯·诺依曼计算机，奠定了现代计算机的体系结构，它由5部分组成，分别是运算器、控制器、存储器（包括内存储器和外存储器）、输入设备和输出设备。

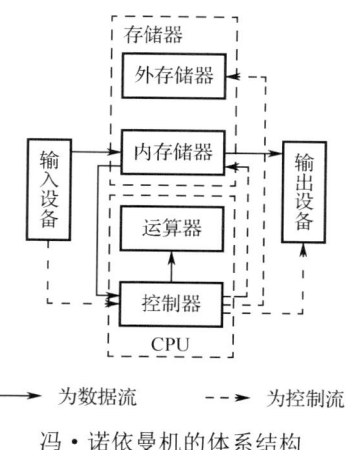

冯·诺依曼机的体系结构

通用计算机从诞生至今,经历了四个主要发展阶段:第一个阶段是电子管计算机时代,第二个阶段是晶体管计算机时代,第三个阶段是中小规模集成电路计算机时代,第四个阶段是大规模及超大规模集成电路计算机时代。

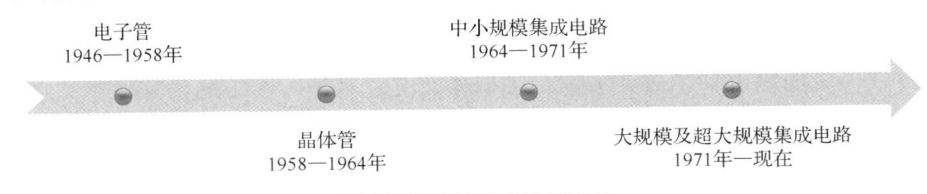

通用计算机的四个发展阶段

电子管计算机中,通常多使用真空管元件来作为内存中最主要的逻辑电路单元,主存储器部分则通常使用水银延迟线存储器、磁鼓片和磁芯板块等,外接存储设备方面则比较普遍使用磁带存储设备;软件方面,也是通过机器语言或者汇编语言来实现编程的,软件应用单一。电子管计算机体积庞大、运算速度慢、功耗大、可靠性差、价格昂贵;其应用以科学计算为主。

晶体管计算机的基本逻辑电路元件是晶体管,以磁芯作为主存储器,以磁盘作为外存储器;软件也有非常大的发展,高级语言及其编译程序不断出现,以批处理为主的操作系统也得到了发展;计算机性能得到了很大的提升,不仅体积和重量缩小了,耗电量降低了,而且可靠性也大幅提高;这个阶段的计算机开始应用于工业领域。

中小规模集成电路计算机,在设计方面,主要存储器结构和逻辑部分都已经使用了中小规模的集成电路,而主存储器也开始采用半导体存储器;在程序设计软件方面,人们对现有的程序设计语言已经进行了大量的标准化工作,并逐步发展出结构化程序设计的新思想与方法;而微型计算机芯片的封装体积也在逐步缩小。计算的效率、准确性,存储器的容量和质量,以及稳定性测试能力等一些关键的技术指标也已得到大幅度提升。在这一阶段,计算机的普及和应用也有了迅速发展。

大规模及超大规模集成电路计算机的主要逻辑部件采用大规模和超大规模集成电路，而主存储器普遍采用半导体存储器，这使得计算机的外围设备更加多样化、系列化。在程序设计软件方面，软件固化技术已经实现，面向对象的计算机程序设计思想开始出现，数据库技术和计算机网络技术得到了广泛的应用；软件应用也得到了极大丰富，图形界面交互软件、网络通信软件、数据库软件、企业应用软件都在这一阶段大量涌现。

1.2 互联网时代：群雄逐鹿，数字经济的发展期

1989 年，英国计算机科学家蒂姆·伯纳斯·李（Tim Berners-Lee）发明了万维网，标志着人类正式进入互联网时代。互联网的发明推动了信息技术从实验室和企业服务领域逐步走向普通大众，开始全面影响人们的学习、工作和生活，数字经济迎来第一个高速发展阶段。

蒂姆·伯纳斯·李

互联网时代又可以分成两个主要阶段，即 PC 互联网时代和移动互联网时代。

1.2.1 PC 互联网时代

PC 互联网时代的三个标志性产品是个人计算机、浏览器和 SaaS 软件。个人计算机经历了从台式计算机到便携计算机的发展过程，其发展趋势与摩尔定律完全吻合，即个人计算机性能越来越好，价格越来越便宜。个人计算机开始进入千家万户，成为人们学习、工作和娱乐的主要工具之一。

浏览器是 PC 互联网时代的另一个标志性产品，它成为互联网应用的主要载体。PC 互联网时代的典型应用场景包括搜索引擎、邮件、博客、视频、电子商务、游戏、新闻、社交等。具有代表性的三代浏览器产品是：第一代浏览器网景、第二代浏览器 IE 和第三代浏览器 Chrome。这个时期具有代表性的企业包括雅虎、谷歌、百度、腾讯、阿里巴巴等。

SaaS 软件是 PC 互联网时代面向企业服务的标志性产品，SaaS 软件供应商将软件产品统一部署在自己的服务器上，客户可以根据工作实际需求，通过互联网向厂商订购所需的应用软件服务，按订购的服务内容多少和时间长短向厂商支付费用。SaaS 应用软件有免费、付费和增值三种模式。Salesforce 是 SaaS 软件领域的典型代表，创建于 1999 年 3 月，总部设于美国旧金山，可提供随需应用的客户关系管理平台，目前市值位居世界软件公司前列。

1.2.2 移动互联网时代

2007 年，苹果公司在美国旧金山马士孔尼会展中心举行的 Macworld 大会上正式发布第一代 iPhone 手机，标志着移动互联网时代的到来。移动互联网时代的典型产品包括智能手机、App。智能手机的出现，不仅颠覆了传统的功能手机，也逐步颠覆了个人计算机的许多功能，成为人们学习、工作和娱乐的主要工具之一。

App 是移动互联网时代的另一类标志性产品，它逐步取代浏览器成为移动互联网时代应用的主要载体。近年来，各种类型的移动互联网 App 层出不穷，涵盖游戏、社交、电商、短视频、新闻、基础工具、出行、信息流、日常办公等不同的应用场景。目前，运行在智能手机上的 App 数量有数百万之多。App 极大地增加了我们生活、工作和学习的便利性，但同时也带来了很多新问题，如 App 数据孤岛问题、隐私保护问题和数据安全问题等，只有有效地解决了这些问题，才能让移动互联网健康、可持续发展，从而发挥更大的社会价值和经济价值。

1.3 数字经济的发展现状：成为世界经济的主战场

数字经济的发展如火如荼，已经全面覆盖地球的每一个角落，其中美国、德国、日本、中国是数字经济发展的几个典型代表国家，走在世界数字经济发展的前列。

2021 年 8 月，中国信息通信研究院院长余晓辉在全球数字经济大会上发布了《全球数字经济白皮书——疫情冲击下的复苏新曙光》。白皮书中提到，截至 2020 年，全球数字经济规模已经达到 32.6 万亿美元，同比增长 3.0%，占 GDP 比重为 43.7%。其中发达国家数字经济规模较大、占比较高，已经达到 24.4 万亿美元，占 GDP 比重为 54.3%。与发达国家相比较，发展中国家数字经济增速更为明显，2020 年增速达到 3.1%。美国数字经济规模达到 13.6 万亿美元，蝉联世界第一，中国位居世界第二，规模是 5.4 万亿美元。

白皮书对世界主要国家数字经济的发展模式进行了研究。中国以产业为基础，同时充分发挥市场活力，充分发挥有效市场和政府的力量；美国依靠技术的持续创新，掌握全球数字经济技术优势；欧盟领先探索数字治理的规则并建设数字单一市场，建成了强大统一的数字经济生态；德国以制造优势作为强大依托，成为全球制造业数字化转型的标杆；英国以数字政府引领数字化转型，完善了数字经济的整体布局。

2023 年 4 月，中国信通院发布了《中国数字经济发展研究报告（2023 年）》，表示我国数字经济进一步实现量的合理增长。2022 年，我国数字经济规模已达到 50.2 万亿元，同比名义增长 10.3%，已连续 11 年显著高于同期 GDP 名义增速，数字经济占 GDP 比重相当于第二产业占国民经济的比重，达到 41.5%。

1.4 人工智能时代：日新月异，数字经济的成熟期

随着大量传感器、智能设备、App 连接到互联网中，数据产生的速度越来越快，预计到 2025 年，全球数据总量将超过 160 ZB。随着万物互联的智能社会的到来，未来全球的数据量还将继续保持爆发式增长的态势。

数字经济时代，除了土地、资本、技术、劳动力等传统生产要素，数据已成为最重要的生产要素，数据竞争力将成为企业最核心的竞争力之一。

随着数据量的急剧增长，对数据的采集、传输、存储、处理和应用的要求也越来越高，传感器、5G、云计算、深度学习、大数据等新技术应运而生，标志着数字经济发展正式进入人工智能时代。

数据、算力和算法是推动人工智能技术发展的三个核心要素，数据是人工智能的原材料，算力是人工智能的燃料，算法好比一位优秀的厨师，它们之间相互依存，缺一不可，是人工智能创造效益和产生价值的必备条件。

数据的采集主要来自两个方面：一方面是由传感器采集的大量的来自物联网的数据；另一方面是由 App 采集的大量的来自移动互联网的数据。数据可以分成数值、文本、图片、音频、视频等多种类型，也可以按照结构分成结构化

数据、半结构化数据和非结构数据。数据种类越来越丰富、数据来源也越来越多样化，多源多模态数据融合技术将成为人工智能的核心技术之一。

人工智能算力一般由专用 AI 芯片和公有云计算服务来提供。其中 GPU 作为通用 AI 芯片领先其他芯片，在人工智能领域中使用最为广泛，GPU 具有更高的并行度、更高的单机计算峰值、更高的计算效率。一般来说，GPU 浮点计算的能力是 CPU 的约 10 倍。另外，深度学习加速框架在 GPU 之上进行优化，再次提升了 GPU 的计算性能，有利于加速神经网络的计算。

云计算是一种全新的分布式计算模式，通过云计算平台将海量的存储资源、网络资源和计算资源有机地组织成一个巨大的资源池，为用户按需提供云计算服务。云计算具有按需分配、弹性可扩展、性价比高等特点，可以为用户提供 IaaS、PaaS 和 SaaS 三种不同层次的服务，其中 IaaS 服务相当于为用户提供了一台虚拟的计算机，PaaS 一般以 API 的方式对外提供服务，SaaS 则为用户提供开户即用的软件服务。云计算本质上是一种集约化的计算模式，一方面增加了数据处理的吞吐量，另一方面，对于云计算的客户来讲，相比传统自购服务器的模式，采购云计算服务成本更加低廉，安全性和稳定性也更高一些。可以说，云计算为人工智能提供了源源不断的算力支持。

算法是人工智能的核心要素，近年来人工智能技术的发展，很大程度上得益于机器学习算法的发展。机器学习算法可以分为有监督学习、无监督学习、强化学习三种基本类型。

通过训练样本学习，由监督学习可以得到一个模型，之后运用这个模型进行推理。例如，识别各种水果的图像，我们需要采用人工标注（即标好了每张图像所属的类别，如苹果、梨、香蕉）的样本进行训练，在这之后得到一个模型，然后用这个模型对未知类型的图像进行判断，这称为预测。如果只是预测一个类别值，则称为分类问题；如果要预测出一个实数，则称为回归问题，例如，根据一个人的学历、工作年限、所在城市、行业等特征来预测这个人的收入就是一个典型的回归问题。有监督学习算法发展历程如下。

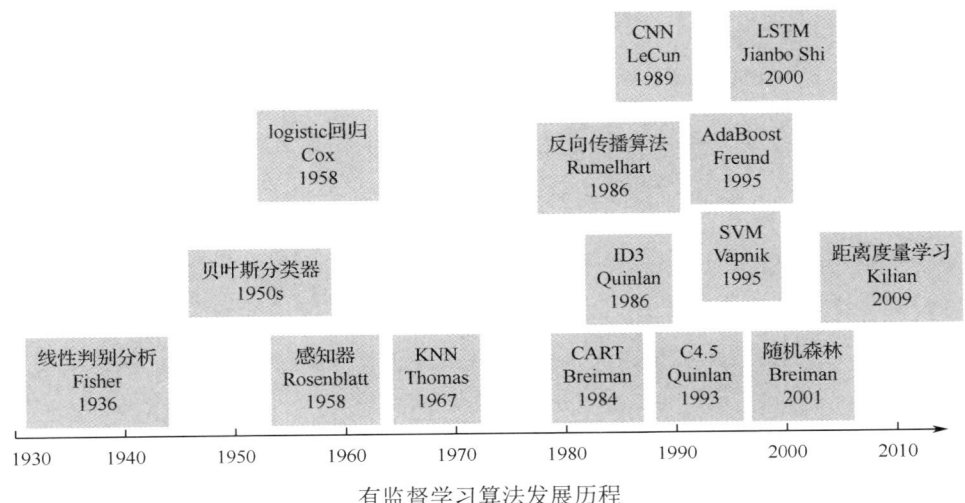

有监督学习算法发展历程

无监督学习则与之刚好相反，它首先通过机器学习算法分析某些给定的数据样本，然后得到某些内容。无监督学习发展历程如下。

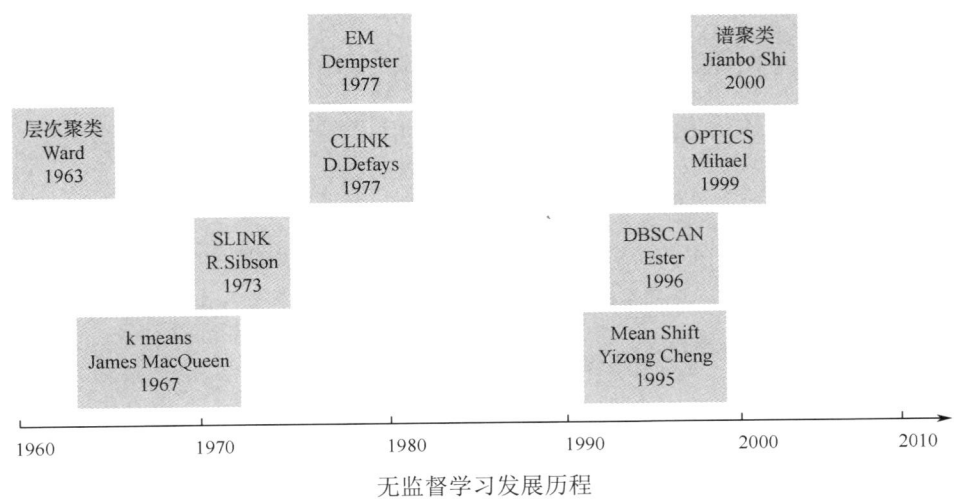

无监督学习发展历程

强化学习是一类特殊的机器学习算法，算法要根据当前的环境状态确定一个动作来执行，然后进入下一个状态，如此反复，目标是让得到的收益最大化。如围棋游戏就是典型的强化学习问题，在每个时刻，要根据当前的棋局决定在什么地方落棋，然后进行下一个状态，反复放置棋子，直到赢得或者输掉比赛。这里的目标是尽可能地赢得比赛，以获得最大化的奖励。

虽然真正意义上的人工神经网络诞生于 19 世纪 80 年代，反向传播算法、卷积神经网络、长短期记忆网络等早就被提出，但遗憾的是神经网络在过去很长一段时间内并没有得到大规模的成功应用，在与 SVM 等机器学习算法的较量中处于下风。原因主要有：算法本身的问题，如梯度消失问题，导致深层网络难以训练；训练样本数的限制；计算能力的限制。直到 2006 年云计算出现后，这种情况才慢慢有所改观。

1.5 数字经济发展趋势：重构社会经济发展秩序

数字经济是一种全新的经济形态，在未来不仅会影响人们的学习、工作和生活习惯，还将全面重构社会经济的发展秩序，呈现以下发展趋势。

一、数字经济将进入一个以产业互联网为主要特色的发展阶段

过去三十年，数字经济在消费互联网领域取得了巨大的成功，从 PC 互联网时代到移动互联网时代，再到现在的元宇宙，人们的数字生活变得越来越丰富多彩。在这个阶段，数字经济主要聚焦解决人们生活、学习和工作的便利性，不断优化数字产品的用户体验。

随着数字经济的进一步发展，数字经济将进入一个以产业互联网为主要特色的发展阶段。在产业互联网阶段，对产业而言，应用互联网技术可以提升产业链上下游协作效率，降低产业链的协作成本，全面提升产业的核心竞争力；对企业而言，应用互联网技术，可以降低企业生产成本，为企业拓展新的营收渠道，全面提升企业的市场竞争力。因此，产业互联网的发展以全面提升产业的核心竞争力为根本目的，是数字经济的一个新的发展阶段。

未来，消费互联网和产业互联网将深度融合、相互促进，进一步推动数字经济向纵深发展。

二、新技术的开发和创新将极大推动数字经济的发展进程

近年来，云计算、大数据、人工智能、物联网、区块链、VR/AR、元宇宙等新技术和新概念层出不穷，一方面，需要应用这些新技术来构建数字经济的技术底座，另一方面，这些新技术的发展，极大地释放了资本和各种社会资源的热情，大大加速了数字经济的发展进程。

全新的数字经济场景将快速涌现。Web3.0、元宇宙等新兴数字经济场景将快速涌现。区别于 Web2.0，Web3.0 将更加注重数据的权属、数据的安全和数据的隐私保护，确保每个人都可以平等、安全、便捷地分享 Web3.0 的红利。自从 Facebook 改名为 Meta 以来，元宇宙（Metaverse）的热度持续走高。元宇宙是利用科技手段进行创造的，与现实世界映射和交互的虚拟世界，具备新型社会体系的数字生活空间。

第 2 章 数字经济的基本原理

数字经济的关键生产要素是数字化的知识和信息，核心驱动力量是数字技术，重要载体是现代信息网络。

2.1 数字经济的定义

数字经济是一种以数据为核心生产要素，通过新一代信息技术（云计算、大数据、区块链、人工智能、物联网）对数据进行加工、处理来提升资源配置效率，从而实现经济高质量发展的新的经济形态。

根据服务对象的不同，数字经济一般可以分成消费数字经济和产业数字经济。

消费数字经济主要服务于消费者的工作、学习和生活，典型的应用场景包括搜索引擎、社交网络、短视频、游戏、外卖等。消费数字经济的核心价值是提升工作和学习效率，让生活更加丰富多彩，让用户体验更加贴心完美。互联网是消费数字经济的主要承载者，经历了三十多年的高速发展，很多线下的工作、生活场景都逐步搬迁到线上,尤其自 2019 年新冠疫情暴发以来,这一进程按下了加速键,比如线上会议、居家办公、元宇宙、直播购物、外卖等线上生活工作场景已经成为一种新常态,消费数字经济的发展进入成熟期。

与消费数字经济不同,产业数字经济主要服务于产业端的企业和组织,其本质是帮助产业链上的企业从产品、管理、文化等多方面来提升竞争力,从而达到做大、做强、做优产业的目的。从发展速度上来看,在过去十多年的时间里,产业数字经济发展要滞后于消费数字经济的发展。近年来,随着各国开始重视产业端的提质增效,产业数字经济进入一个高速发展期。

2.2 数字经济的本质及内涵

2.2.1 数字经济的本质

数字经济的本质之一是互联经济,通过人网互联、物网互联、物物互联实现对价值的互联。梅特卡夫法则表示网络节点数的平方就是网络的价值,网络上的节点越多,价值就越大。随着互联网技术的发展,信息空间、物理空间和生物空间的连接越来越紧密,其产生的整体价值也越来越大。

数字经济的本质之二是融合经济,通过线上线下、软件硬件、虚拟现实等多种方式实现价值的融合,价值融合的过程同样也是价值放大的过程。在过去二十多年内,线上经济蓬勃发展,加速了商品的消费和流通,但是,同样也带来假货多、用户体验差、货品质量差等诸多问题。为了解决这些问题,近年来,各互联网巨头纷纷开始布局线下经济,线下实体店迎来一个全新的发展时期。新时期的实体店融入了更多的科技元素和互联网元素,实现了线上和线下的融合化经营,一方面顾客的用户体验更好,另一方面商家也可以更直接地和顾客进行沟通,了解他们的需求,为他们提供更好的服务,实现更大和更健康的营收。

数字经济的本质之三是共享经济，通过互联网、大数据、区块链、云计算、人工智能等技术对价值进行重构，让价值能够更加合理、公平、高效地得到分配。传统经济和互联网经济时代，是资本垄断利润分配权；而数字化时代，新的生产关系和生产力是去资本化和去商业化的，根据人的贡献值对创造出来的利润进行合理分配，让生产者和消费者共享产品利润，实现价值在互联网中平等、安全、可信流动，从而实现价值共享。

2.2.2 数字经济的基本特征

经济活动的四个主要环节分别是生产、分配、流通和消费。区别于传统经济，数字经济有四个典型的特征。

一、消费决定生产

传统的经济过程是先有生产后有消费，这样的模式会直接导致产能过剩、产品堆积、销售不畅等问题。商家生产出来的产品，很多时候并不是顾客需要的，造成供需失衡。数字经济不是研究怎么生产出更多的产品、卖出更多的东西，而是研究如何生产出更符合用户需求、用户体验更好的产品和服务，这些产品和服务既可以是定制的，也可以是批量生产的，但都是基于实际的用户需求，都是以用户体验为中心的。此外，以数据为驱动进行消费和供给的精准匹配，可以从根本上解决供不应求和库存堆积的矛盾局面，从而降低库存成本，加快资本的周转速度。

二、效率与公平兼顾

在传统经济时代，效率和公平是一对不可调和的矛盾。进入数字经济时代，有了新技术的加持，可以让价值的分配过程效率更高。与此同时，通过对分配过程的数据分析，可发现分配过程中的不合理现象，从而改进分配流程，用计划手段解决公平问题，用市场手段解决效率问题，用新技术实现计划和市场的有机融合，从而在价值分配过程中兼顾效率与公平。

数字经济不是研究怎么垄断市场，而是研究怎么让经济活动产生的价值和利润能够得到更加公平、可信、安全的分配。数字经济产生的数字文明是继农业文明和工业文明之后的第三大文明，数字经济不仅要解决价值的生产问题，更要解决价值的分配问题。在农业时代，核心价值被地主攫取；在工业时代，核心价值被资本家攫取；而在数字经济时代，核心价值将掌握在用户自己手中。

三、完善的流通体系

在新技术的加持下，商品的流通体系越来越完善，流通效率也越来越高，消费者足不出户就可以尽情享受来自世界各地的美食、随心采购具有异域风情的服饰、实时欣赏万里之外的绝世美景。近年来，新冠疫情也催生了商品流通体系的科技化进程，消费者在逐步适应线上生活方式，商品的流通体系越来越完善。跨境电商曾是特别热门的创业赛道，一些嗅觉敏锐的商家发现了其中的机会，赚得盆满钵满。跨境电商的快速发展也进一步促进了商品流通体系的完善，商品和服务在不同国家、不同地区、不同文化之间的流通越来越频繁，越来越便捷，也越来越高效。

四、消费更注重体验

在传统经济时代，消费者的主要诉求是解决有无的问题，对商品和服务的品质及体验要求相对较低。在数字经济时代，商品和服务极大丰富，生产能力也大幅提升，消费者对产品品质，尤其是用户体验的要求越来越高。在数字经济时代，谁能把用户体验做到极致，谁就可以占领市场的先机。苹果公司就是最典型的案例，苹果手机之所以能畅销全球，最核心的原因就是苹果手机拥有独一无二的用户体验。对产品细节的极致打磨、对用户使用习惯的用心研究，锻造出了苹果手机的极致用户体验。

2.3 数字经济的总体框架

数字经济的总体框架包含数据、技术创新、新商业模式、工业互联网、数字产业化、产业数字化、数字安全、数字标准等内容，其总体框架如下图所示：

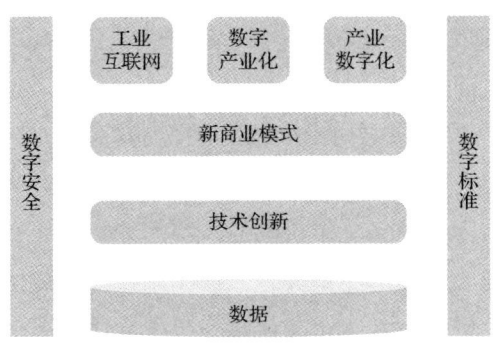

数字经济的总体框架

一、数据

数据是数字经济时代的核心生产要素，其重要性不言而喻。数据既可以来自生物空间、物理空间，也可以来自数字空间。谁掌握了数据，谁就能够更加充分地挖掘数据的价值，谁就能在数字经济时代激烈的市场竞争中脱颖而出。

二、技术创新

技术创新是数字经济时代的核心驱动力，依靠资源和劳动力驱动发展的时代已经过去，如何建立创新型组织是数字经济时代每个国家、每个企业都需要深入思考的问题。创新涉及人才、知识产权、教育水平等诸多方面，反映的是一个社会的综合竞争力。

三、新商业模式

新商业模式的诞生是数字经济发展的必然结果。随着数字经济和数字技术的发展，会涌现越来越多的新商业模式，如远程医疗、数据服务等。新商业模式的出现，对企业而言，丰富了营收来源；对个人而言，则让工作变得更加高效，让学习变得更加便捷，让生活变得更加丰富多彩。

四、三个核心场景

数字经济的三个核心场景是工业互联网、数字产业化和产业数字化。工业互联网是数字经济时代的基础设施之一，也是促进产业数字化的关键所在。数字产业化包括计算机产业、电子产业、软件产业等，其中包括芯片、工业软件、光刻机等核心技术。产业数字化的内涵要更广泛一些，市场也更大一些，是数字技术促进传统产业转型升级的过程。当前，全球各国产业数字化正在如火如荼地进行。

五、数字标准

5G标准、工业互联网标准等数字经济标准对加快数字经济健康发展具有非常重要的意义。无规矩不成方圆，数字标准就是数字经济时代的行为规范。遵循统一的规范，可以让数字经济更大范围、更大幅度地惠及更多组织和个人。

六、数字安全

没有安全的数字经济就像建在沙滩上的大厦，根基不稳。数字安全要从数据安全、系统安全、网络安全、个人隐私等多方面为数字经济保驾护航，为数字经济发展提供一个安全的环境。

2.4 数字经济的三大定律

2.4.1 摩尔定律

1965年，英特尔公司的创始人之一戈登·摩尔（Gordon Moore）提出了摩尔定律。摩尔定律指出大约每经过 18 个月到 24 个月集成电路上可以容纳的晶体管数目便会增加一倍，换言之，处理器的性能大约每两年翻一番，同时价格下降为之前的一半。

摩尔定律对数字经济时代的意义深远，回顾过去的 50 多年，数字技术领域专家们认为，摩尔定律可能还会适用于半导体芯片业的进展，但随着晶体管电路逐渐接近性能极限，这一定律终将被淘汰。

摩尔定律极大地推动了数字经济所需硬件、软件技术的发展。但是，随着芯片的制造工艺逐步接近物理极限，未来，要进一步提升计算机的性能，是沿着摩尔定律继续往前走，还是另辟蹊径，开辟新的计算架构和计算模式，比如量子计算，我们将拭目以待。

2.4.2 梅特卡夫定律

梅特卡夫定律（Metcalfe's Law）是一种网络技术发展规律，是由 3Com 公司的创始人、计算机网络先驱罗伯特·梅特卡夫（Robert Metcalfe，1946 年—）提出的。梅特卡夫定律的内容是：

网络节点数的平方等于网络的价值，联网用户数的平方和网络的价值成正比。换言之，某种网络，比如电话的价值会随着使用用户数量的增加而增加。

即网络的价值 $V=K\times N^2$（K 为价值系数，N 为用户数量）。

自 20 世纪 90 年代以来，互联网络不仅呈现出非同寻常的指数级增长趋势，而且广泛应用于经济和社会的各个领域。计算机网络的数目越多，它对经济和社会的影响就越大。换言之，计算机节点数目的平方等于网络的价值。梅特卡夫定律揭示了互联网的价值随着用户数的增长而呈算术级数增长的规律。

2.4.3 达维多定律

达维多定律由曾担任英特尔公司高级行销主管和副总裁的威廉·H·达维多（William H Davidow）提出：任何企业在自己的产业发展过程中都需要不断更新自己的产品。在当今的大数据时代，如果想要在市场上占据主导地位，就必须成为首个开发出新产品的企业，因此，推动产品创新的能力成为数字经济时代最核心的竞争力之一。

达维多定律在英特尔公司的产品开发和推广上得到了广泛应用。英特尔公司始终是微处理器的开发者和倡导者，尽管产品的速度和性能不一定是最好的，但一定是最新的。英特尔公司也被很多硅谷企业视为数字企业"教父"。

另外一个应用达维多定律非常成功的企业是苹果公司。苹果公司自乔布斯时代开始，就逐步建立起了在数字产品领域的创新优势。近年来，无论硬件产品，还是软件产品，苹果公司都一直引领潮流。正是因为不断创新，使苹果公司成为全球市值最高的企业（2022年数据）。

2.5 数字经济的价值分析

随着传统经济逐渐被数字经济取代，数字经济也将成为世界经济的主战场，数字经济将对世界发展产生什么样的价值？将如何推动人类文明的进步？将对企业和组织的发展产生什么样的价值？将对个人的学习、工作、生活产生什么样的价值？这都是数字经济时代人们重点关注的问题。

发展数字经济是推动经济结构优化升级的重要举措。快速发展的数字技术推动了各行各业的数字化进程，一方面，数字技术通过与传统产业的深度融合，对经济的各个环节进行升级改造，从而提高资源配置效率，促使经济结构优化，推动传统产业的转型升级；另一方面，通过对数字技术的合理应用，可以让我们的产品和服务更"懂"消费者，为消费者提供更好的体验，提升经济活力。

发展数字经济是建设创新型社会的重要推动力量。随着大数据、人工智能、云计算等数字技术应用到企业和社会的创新环节，大大加快了创新的进程。一方面，通过数字技术的应用，可以提升新产品的研发效率，比如数字技术应用到疫苗研制过程中，可以极大缩短疫苗的研发时间；另一方面，通过数字技术的应用，可以推动多学科的交叉融合，比如数字技术和生物技术的融合，在基因测序过程中，应用云计算和人工智能技术，可以大大提升基因测序的效率。

发展数字经济是践行"双碳"目标，实现绿色持续发展的有效途径。2020年9月，中国明确提出2030年"碳达峰"与2060年"碳中和"目标，"双碳"是数字经济时代我国对世界可持续发展和建设人类命运共同体的庄严承诺。

实现"双碳"目标，首先要推动以石化能源为主的能源结构向以风能、太阳能、核能为主的能源结构转型。清洁能源在使用过程中都离不开数字技术的支持，比如，如何对清洁能源装备进行实时健康监测，确保能源供应稳定？如何更加高效地存储和使用清洁能源？如何实现清洁能源并网？如何对电厂、电网进行智能调度，提升能源的使用效率？

实现"双碳"目标，还要推动节能减排技术在全行业的应用。同样，节能减排技术也依赖于数字技术的发展，比如如何建设智能建筑，降低建筑物的能耗；如何对农作物的病虫害进行精准防控，降低农药化肥的使用量；如何对蓄电池进行回收再利用。

发展数字经济能极大丰富人们的文化和精神生活。改革开放四十多年来，我们从一个物质匮乏的国家逐步发展成为一个物质丰富的国家，人们的生活水平也越来越高。未来，人们的需要更多会集中在精神和文化类的产品和需求上，发展数字经济正好可以给我们带来更多的文化和精神享受。我们可以轻松地躺在沙发上,通过短视频了解世界上正在发生的新闻和各种有趣的事情;我们可以通过视频电话,陪远在千里之外的父母聊聊天;我们还可以通过虚拟现实技术,在家里感受世界各地的风土人情。

2.6 数字经济助推新时代我国经济高质量发展的现状

2014—2018 年我国数字经济规模

年份	2014	2015	2016	2017	2018
规模(万亿元)	16.2	18.6	22.6	27.2	31.3
占 GDP 比重	26.1%	27.5%	30%	33%	34.8%

数据来源:中国信通院

近年来,数字经济在我国不断发展,展现出强劲的活力。由上表可以看出,随着我国数字经济规模的不断扩大,数字经济占国内生产总值的比重也在不断增加。与此同时,我国数字产业化的进程也在不断进步。截至 2018 年,产业数字化规模达到 24.9 万亿元,占国内生产总值的 27.6%。据统计,2018 年我国数字经济领域就业岗位 1.91 亿个,占全年就业总人数的 24.6%。我国对数字经济的治理也得到了很大的提升。但是在数字经济发展过程中,也不可避免地遇到了一些问题,例如,数字鸿沟问题、互联网企业创新能力不足、数字化产业差异较大、数字领域人才匮乏和数据安全问题等。

第一,经济发展存在数字鸿沟问题。数字经济的发展带动了经济的发展,但也带来了新的问题。例如,中国的东中西部,农村城市之间的差距。数字经济发展水平由东向西依次降低,城市发展水平又高于农村地区。

第二,我国互联网企业创新能力不足。虽然近些年来我国互联网得到了快速发展,但与发达国家相比较仍有很大的不足。互联网创新能力、关键产品的生产和重点核心产业的技术水平还十分欠缺。目前我国互联网应该大力推动创新，增强企业活力，充分利用现有数据资源带动经济发展。

第三，数字化产业差异较大。近年来，随着数字经济的发展，我国各个省份之间的数字化进程表现出较大差异。例如，以北京和浙江为代表的省市在数字经济方面展现出强劲的实力，而其他省份还存在很大差距。

第四，数字领域人才匮乏。我国数字经济发展开始较晚，但发展迅速，这使得数字领域的专业人才匮乏。高校培养的数字领域人才数量远远达不到经济发展所需的标准。在机器人、人工智能、大数据等数字经济相关的领域，人才需求存在很大的缺口。而且很多传统技能人才不能顺应时代发展的趋势，加剧了人才匮乏的情况。

第五，数据安全问题。信息技术的发展，推动了人类生活和生产的进步，但同时也带来了巨大风险。近几年，网络安全问题频繁发生，给社会和人民带来巨大的损失。所以，加快推动网络安全建设，建立相关法律法规迫在眉睫。

2.7 数字经济助推经济高质量发展的有效路径

数字经济是推动经济高质量发展，实现质量变革、效率变革、动力变革的内生动力。动力变革是指转变动能发展的机制，最终实现新旧动能的转换；效率变革是指为提高产出效益，以技术创新驱动机制实现资源要素科学配置；质量变革是指在提高产出效益的基础上，生产出来的产品和服务能够满足新时代城乡居民美好生活的需要。

一、数字经济推动经济高质量发展——动力变革

数字经济变革的基础动力是数字，它不仅是经济增长的强大驱动力，还为经济变革创造条件。只有基础设施完善，才有可能实现动力革命，数字就为动力革命提供了完善的基础设施。想要成为科技革命的领头羊，就必须抢占先机，而抢占先机就需要在技术创新方面首先取得突破。例如当今数字经济时代，移动互联网、高速率宽带等基础设施为动力变革提供物质基础，手机用户、网民数量为动力变革奠定潜在发展动力，只有这些基础设施发展，才能使动力变革成为现实。经济高质量发展是指在要素资源不变的前提下，提高资源的生产效率，来促进经济的发展。因此，动力变革是经济高质量发展的核心环节，只有实现了动力变革，才能推动效率变革，进而推动质量变革，最后实现经济高质量发展。

数字化的技术为驱动转型的发展提供了智力支持。技术革新是推动技术进步的重要力量，而人才是推动技术进步的重要因素。只有具备了人才力量，企业才能在技术上取得新的发展，进而推动工业的转型，提升生产力，推动经济的发展。数字技术人才包括具备通信领域专业技术知识的人员和与通信科技相关的跨国界人员等，他们是大数据、人工智能和"互联网+"等多个方面的智力支持，他们将推动科技的发展。当前，国内的数字技术与西方发达国家仍有差距，企业在网络技术上缺乏相应的创新能力。比如，在人工智能方面，我们与日本和美国相比还有很大的距离。这就需要加强对科技人才的培训，以培养具备"数字素质"的人才，为我国的创新发展奠定坚实的战略基石。

二、数字经济推动经济高质量发展——效率变革

数字技术为效率变革提供技术支撑。效率变革是实现高质量发展的关键，其实质是在不改变投资或降低投资的前提下，实现经济的发展。要想达到这种效果，就必须不断地进行技术和其他方面的革新。信息技术所带来的设备互联、服务按需交付的特点，在企业革新方面，也会有更多的增值。设备之间的互联，不仅仅是人与个人计算机之间的连接，还有物联网设备与个人计算机之间的连接，在将来，设备之间的信息交流将会变得更为重要。

数字安全为效率变化提供了安全保障。安全在经济发展过程中发挥着越来越重要的作用。特别是在数字经济时代，数字安全产业的范围随着安全保障的需求而不断扩大，数字安全产业的规模也在不断扩大。数字技术的快速发展使数字化转型成为可能。然而，在提高生产效率的同时，也带来了更多的网络安全问题。数字经济以数据为生产要素。然而，犯罪分子利用计算机网络大规模窃取个人信息，这给人们带来了各种各样的恐惧。因此，加快完善数据安全体系，确保数据资源安全有效流通，对于推动高效改革、实现高质量发展具有重要意义。只有制定与数字经济发展相适应的法律法规，才能引领数字经济快速稳定发展，不仅可以解决经济发展中的问题，还可以为经济发展提供良好的营商环境，提高经济运行效率。

三、数字经济推动经济高质量发展——质量变革

数字产业为质量变革的经济运行奠定了基础。质量变革是指经济运行质量的提高，它强调发现和解决过去经济增长过程中效率低下的问题，为高质量发展奠定基础。数字工业化的最终目的是将数字信息、数字技术转化为除资本、人力、土地以外的新的生产要素，将数字技术与传统的管理模式、制造模式相结合，创造新的、高效的管理和制造方法，促进新旧动能的转换，形成新的产业，最终实现优质经济发展。中国传统产业的规模接近饱和，难以通过扩大发展规模来提高生产效率。实现经济发展的唯一有效途径是改造和升级传统产业，提高生产效率，培育新的增长动力。要实现数字时代传统产业的转型升级，需要将信息技术与传统产业的各个环节深度融合，提高数字化水平。

数字经济的商业模式创新为高质量发展奠定了微观基础。数字商务是指以大数据、云计算、物联网、移动互联网等为代表的新兴信息技术，正在催生一批新业态，带动农业、产业升级，促进电子商务、移动支付、"互联网+"等服务业创新。作为一种新的商业模式，它符合高质量发展的要求。例如，"互联网+政府"的管理模式可以大大提高政府部门的效率，同时大大节约人工成本，提高人们的满意度。移动支付的出现给人们的生活带来了极大的便利。以微信和支付宝为代表的支付方式逐渐渗透到生活的各个领域，一部手机就能满足日常需求。电子商务的发展模式改变了传统的购物模式，节约了传统购物模式的运输成本和时间成本。因此，数字化是实现绿色可持续发展的有效途径。

第 3 章 紧握数字经济时代脉络

3.1 巨浪滔天：数字经济的发展机会

2022 年第 2 期《求是》杂志刊发了习近平总书记重要文章《不断做强做优做大我国数字经济》，这是总书记在十九届中央政治局第三十四次集体学习时讲话的主要部分。讲话强调，"发展数字经济意义重大，是把握新一轮科技革命和产业变革新机遇的战略选择。"

作为继农业经济、工业经济之后的主要经济形态，数字经济是以数据资源为关键要素，以现代信息网络为主要载体，以信息通信技术融合应用、全要素数字化转型为重要推动力，促进公平与效率更加统一的新经济形态。在这个数字化的时代，发展数字经济是把握机遇、赢得未来的战略选择。

"长期以来，我一直重视发展数字技术、数字经济。"早在 2000 年，时任福建省省长的习近平同志就以极大的胆识和魄力在全国率先提出建设"数字福建"，并挂帅担任"数字福建"建设领导小组组长，推动"数字福建"写入省委"十五"计划纲要建议，开启了福建省的数字化转型。

如今，"数字福建"已深度融入经济、政治、文化、社会、生态等各方面，大大推动了福建省经济社会发展。2003 年，时任浙江省委书记的习近平同志高瞻远瞩作出建设"数字浙江"的战略决策，把打造"数字浙江"作为"八八战略"的重要内容，绘制了"数字浙江"的美好蓝图，推动浙江省数字经济快速发展。

党的十八大以来，习近平总书记以对新一轮科技革命和产业变革的高度敏锐性和深刻洞察力，多次强调要发展数字经济，并就发展数字经济发表一系列重要论述、阐明一系列创新观点、作出一系列战略部署。

2016 年，习近平总书记在主持十八届中央政治局第三十六次集体学习时强调，"世界经济加速向以网络信息技术产业为重要内容的经济活动转变"，要"做大做强数字经济、拓展经济发展新空间"；在二十国集团领导人杭州峰会上，总书记首次提出发展数字经济的倡议，推动制定《二十国集团数字经济发展与合作倡议》，为世界经济注入了新动力。

2017 年，习近平总书记在主持十九届中央政治局第二次集体学习时强调，"大数据是信息化发展的新阶段"，要"加快建设数字中国""构建以数据为关键要素的数字经济""推动实体经济和数字经济融合发展"。

2018 年，在全国网络安全和信息化工作会议上，习近平总书记强调："信息化为中华民族带来了千载难逢的机遇""网信事业代表着新的生产力和新的发展方向""要坚定不移支持网信企业做大做强，也要加强规范引导，促进其健康有序发展"；在年底的中央经济工作会议上，总书记强调要加快 5G、人工智能、工业互联网等新型基础设施建设。

2019 年，习近平总书记在致 2019 中国国际数字经济博览会的贺信中指出，数字经济蓬勃发展，深刻改变着人类生产生活方式，对各国经济社会发展、全球治理体系、人类文明进程影响深远。着重强调中国应该高度重视数字经济，促进数字产业化和产业数字化的发展，积极引导数字经济和实体经济深度融合，推动经济高质量发展。

2020年，习近平总书记在中央财经委员会第七次会议上强调，要"加快数字经济、数字社会、数字政府建设，推动各领域数字化优化升级，积极参与数字货币、数字税等国际规则制定，塑造新的竞争优势"。

2021年，习近平总书记在致世界互联网大会乌镇峰会的贺信中指出，"数字技术正以新理念、新业态、新模式全面融入人类经济、政治、文化、社会、生态文明建设各领域和全过程，给人类生产生活带来广泛而深刻的影响"，要"激发数字经济活力，增强数字政府效能，优化数字社会环境，构建数字合作格局，筑牢数字安全屏障，让数字文明造福各国人民"。

习近平总书记的一系列重要论述，紧密结合世界科技革命和产业变革大势，立足我国发展实际，深刻揭示了数字经济发展趋势和规律，科学回答了"为什么要发展数字经济、怎样发展数字经济"的重大问题。

3.2 风雨欲来：数字经济的挑战

数字经济的蓬勃发展给社会、企业和个人带来了巨大的发展机会，同时，发展机会的背后也面临巨大的挑战。麦肯锡公司的最新研究《数字中国：赋予经济全球竞争力》指出，发达国家的数字化程度很高，各个行业的数字化水平也有所差异。在这种情形下，中国亟须追赶与发达国家的差距。麦肯锡报告中也指出了，未来到2030年数字化变革最有优势的四个行业：消费和零售、汽车和交通、医疗、物流。数字化变革将创造全行业10%~45%的收入，冲击现有的机制体系链，增加就业、消费和社会环境的不确定性。

中国为保证数字经济的健康持续发展，应对随时可能出现的巨大风险，应当建立严密的监管体系和宏观审慎框架。在技术革命的带动下，尽管中国会面临更大的挑战，但是数字经济仍会成为带动中国经济发展的强大动力。

一、于社会而言，数据安全和个人隐私保护将成为数字经济发展最大的挑战之一

随着数字化进程的发展，我们的生活方式也得到了极大的改变，但是也带来了巨大的风险。从移动互联网、物联网、无人驾驶、面部识别，到可穿戴设备、智能家居、医疗监测器械，数据驱动的创新背后，人们也在担忧物联网设备的秘密记录，无意中健康信息的暴露，超出消费者授权的个人数据共享、信用卡欺诈、大数据杀熟、名誉损害等。重建数字时代个体之间的信心与信任，是数字社会实现文明、民主，以人为本的"终极之问"。

如今，网络安全问题已经成为世界各国关注的焦点。近些年，以防御为主的传统安全政策已经不再适用，现在更多的是以大数据为主的信息安全问题。在当今的大数据时代，很多行业，例如金融、工业等都存在巨大的风险，而且现在并没有一个适当的法律来保障数据安全。因此，数据安全问题不仅仅是一个人或者一个国家的事情，而是需要世界各国协调配合、共同出力，来解决随时出现的安全问题。

《中华人民共和国个人信息保护法》已由中华人民共和国第十三届全国人民代表大会常务委员会第三十次会议于2021年8月20日通过，自2021年11月1日起施行。《中华人民共和国个人信息保护法》的诞生标志着我国网络数据法律体系中继《网络安全法》《数据安全法》之后，具有重要意义的一块拼图终于落定，具有划时代的意义，是步入"以人为本"数字社会的制度里程碑。

二、于企业而言，高端数字化人才稀缺将成为企业数字化转型的核心挑战

数字经济的快速发展常常面临人才短缺的困境，这不仅影响数字经济的发展，也给经济转型带来了困扰。数字经济与实体经济的融合发展提出了更高的人才需求，对此，亟须建设新型专业化、综合型人才队伍。在我国国际化发展的进程中，数字技能人才的短缺也是需要解决的大问题。"数字丝绸之路"和"一带一路"等倡议，提高了我国数字经济发展的国际竞争力。我国坚持"走出去"的重要战略，大力发展高端技术和自主创新能力，积极培养和吸引创新型数字经济人才。

三、于个人而言，数字经济的快速发展将进一步压减劳动密集型产业的就业机会，终身学习将成为数字时代个人成长的基本要求

生产效率的提高意味着同样数量的产出需要更少的劳动力。数字经济的发展将会使劳动密集型产业面临巨大的挑战，而且随着数字经济的普及，传统的工作岗位将会被取代。例如，提供大量就业岗位的营销和服务行业被取代，那么相应的工人就必须学习新的知识和技能，来适应时代的变化。劳动力构成也会产生很大的变化，非技能岗位将逐步被技术型岗位取代。从短期来看，这不利于社会发展，会造成大量的人失业，但从长远来看，数字化带来了更多的就业机会，也带动了整个社会的技术进步，提高了劳动生产率。

全社会的数字化转型，需要更多具备数字化思维、熟悉数字化管理、掌握数字化方法论、拥有数字化技术、熟练使用数字化工具的复合型数字化人才，既懂技术又熟悉业务的 π 型人才将成为数字经济时代的"香饽饽"。于个人而言，唯有不断学习，保持终身学习的习惯，才能更好地适应数字经济时代所带来的挑战。

跨界的视野
融合的思维

对业务　　π　　掌握数
的认知　　　　　字技能

数字经济时代 π 型人才模型

3.3 数字经济相关的政策解读

疫情之下,数字经济新动能加速崛起。各行各业在国内外疫情的上、下场转化中煎熬,而当企业乃至个人开始接受新型的工作和生活模式时,增长方式也切入了"新"赛道,新机遇正蕴含其中。

数字经济引领经济社会发展已经成为广泛共识,5G、人工智能、平台经济等应用于各个领域,短期内不仅能在疫情时期发挥更多作用,让教育、医疗、物流、文旅等产业快速升级,创造新的服务需求;从长期来看,对相关企业和项目的资金支持释放出明确的产业发展信号,可让更多的资金、人力投入相关产业,实现数字经济相关技术的不断创新。

近年来,中央部委、各级地方政府陆续出台数字经济相关政策,推进数字经济发展,各地数字经济规模增长迅速。

3.3.1 国家级数字经济政策

一、2022年1月12日,国务院印发《"十四五"数字经济发展规划》(以下简称《规划》)

《规划》明确了"十四五"时期推动数字经济健康发展的指导思想、基本原则、发展目标、重点任务和保障措施。

根据《规划》提出的发展目标,到2025年,我国数字经济迈向全面扩展期,数字经济核心产业增加值占国内生产总值比重达到10%,而2020年这一数字为7.8%。展望2035年,数字经济将迈向繁荣成熟期,力争形成统一公平、竞争有序、成熟完备的数字经济现代市场体系,数字经济发展基础、产业体系发展水平位居世界前列。

数字经济大变革

《规划》明确推进云网协同和算网融合发展。加快构建算力、算法、数据、应用资源协同的全国一体化大数据中心体系。在京津冀、长三角、粤港澳大湾区、成渝地区双城经济圈、贵州、内蒙古、甘肃、宁夏等地区布局全国一体化算力网络国家枢纽节点，建设数据中心集群，结合应用、产业等发展需求优化数据中心建设布局。

加快实施"东数西算"工程，推进云网协同发展，提升数据中心跨网络、跨地域数据交互能力，加强面向特定场景的边缘计算能力，强化算力统筹和智能调度。按照绿色、低碳、集约、高效的原则，持续推进绿色数据中心建设，加快推进数据中心节能改造，持续提升数据中心可再生能源利用水平。推动智能计算中心有序发展，打造智能算力、通用算法和开发平台一体化的新型智能基础设施，面向政务服务、智慧城市、智能制造、自动驾驶、语言智能等重点新兴领域，提供体系化的人工智能服务。

《规划》还部署了八方面重点任务，包括优化升级数字基础设施、充分发挥数据要素作用、大力推进产业数字化转型、加快推动数字产业化、持续提升公共服务数字化水平、健全完善数字经济治理体系、着力强化数字经济安全体系、有效拓展数字经济国际合作。

同时，《规划》中也提到目前遇到的挑战：关键领域创新能力不足，产业链、创新链受制于他国；各行各业之间的数字鸿沟不仅没有缩小，还有进一步扩大的趋势；虽然数据规模庞大，但数据并没有得到有效利用；数字经济的治理体系需要进一步完善。

二、国家发展改革委、中央网信办印发《关于推进"上云用数赋智"行动 培育新经济发展实施方案》（以下简称《方案》）的通知

《方案》旨在加快数字产业化和产业数字化，助力建设现代化产业体系，实现经济高质量发展。从打造数字化企业、构建数字化产业链、培育数字化生态三方面明确了数字化转型的三大目标。指出上云要面向中小微企业，要普惠、低成本、持续赋能中小微企业，推动地方产业创新、发展。

落到执行层面，《方案》中提出了六个主要方向，包括：

- 筑基础，夯实数字化转型技术支撑；

- 搭平台，构建多层联动的产业综合服务平台，推动平台、产业、政府协同发展；

- 促转型，加快企业"上云用数赋智"，普惠、低成本、快速赋能中小微企业，推动企业转型升级；

- 建生态，建立跨界融合的数字化生态，推动传统企业进行商业模式创新；

- 兴业态，拓展经济发展新空间，发挥数字经济蓄水池作用，推动新经济发展；

- 强服务，加大数字化转型支撑保障，鼓励地方政府通过购买服务、专项补助等方式推动平台关注中小微企业。

根据《方案》，该行动近期有五大举措，将分别从服务、示范、业态、创新和机制五个方面进行赋能，培育以数字经济为代表的新经济发展。

三、工业和信息化部办公厅关于推动工业互联网加快发展的通知（工信厅信管〔2020〕8号）（以下简称《通知》）

《通知》包含新型基础设施建设、融合创新应用、安全保障体系、创新发展动能、产业生态布局、产业政策支持等6大领域共20项举措。

在加快新型基础设施建设方面，提出改造和完善互联网体系和功能，提高互联网的竞争力，从而加快工业化的步伐，推动经济的发展。

数字经济大变革

在拓展融合创新应用方面，《通知》提出深化工业互联网行业应用，促进企业上云上平台，同时加快工业互联网试点示范推广普及，推动工业互联网在更广范围、更深程度、更高水平上融合创新，支持工业互联网往产业链纵深方向发展，并有针对性地提供生产性环节服务。

在健全安全保障体系方面，对建立企业分级安全管理制度、完善安全技术监测体系、健全安全工作机制做出要求，统筹工业互联网发展与安全。

在壮大创新发展动能方面，加快工业互联网创新发展工程建设，深入实施"5G+工业互联网"512工程，增强关键技术产品供给能力。

在完善产业生态布局方面，促进工业互联网区域协同发展，高水平组织产业活动，提高产业集群能力。

在政策支持方面，通过提升要素保障水平、开展产业监测评估，支撑工业互联网实现高质量发展。

四、工业和信息化部办公厅关于印发《中小企业数字化赋能专项行动方案》（以下简称《方案》）的通知

《方案》旨在统筹推进新冠疫情防控和经济社会发展工作，以数字化赋能中小企业，助力疫情防控、复工复产和可持续发展。

《方案》明确了行动目标、13项重点任务和4项推进措施。

在重点任务方面，强调利用信息技术加强疫情防控，推动企业尽快恢复生产经营；

加快发展网上办公、网上教育等新模式，培育和拓展共享制造、个性化定制等服务型制造业态，提升生产性服务水平；

构建供应链、产融对接等数字平台，帮助企业对接供应链和融资链；

加强对网络、计算、安全等数字资源服务的支持，加强数据资源的共享、开发和利用；

推动中小企业实现数字化管理和运营，提高智能制造和上云用云水平，推动产业集群数字化发展。

《方案》从强化组织保障、完善激励机制、密切组织供需对接、加强培训推广四个方面推进中小企业数字化赋能工作。

3.3.2 省级数字经济政策

一、上海市加快发展数字经济推动实体经济高质量发展的实施意见

总体目标：抓住技术发展的新趋势，加强上海数字经济的建设，坚持不懈，提高上海数字经济规模和质量。

发展重点：积极鼓励创新型企业发展，大力推动技术进步，为企业发展培养一批优质的数字型人才，打造数字经济发展新亮点。同时落实责任制，通过制定一些鼓励技术创新的政策，来为数字经济的发展提供良好的环境，从而促进上海经济的发展。

二、浙江省数字经济五年倍增计划

总体目标：坚持数字产业化、产业数字化，全面实施数字经济五年倍增计划，深入推进云上浙江、数字强省建设。支持杭州打造全国数字经济第一城，支持乌镇创建国家互联网创新发展综合试验区。

发展重点：培育发展数字安防、新能源汽车、绿色石化、现代纺织等一批先进制造业集群，争创人工智能、生物医药、航空航天、集成电路、新材料等产业新优势；联动推进制造强省和网络强省建设。率先开展 5G 商用，推广应用城市大脑和电子发票，加快建设移动支付之省，争创国家数字经济示范省。

三、广东省培育数字经济产业集群行动计划（2019—2025年）

总体目标：建成"国家数字经济发展先导区"，力争2022年数字经济规模达7万亿元，占GDP比重接近55%，并为此具体实施包括数字湾区建设在内的七大重点工程。

发展重点：以数字产业化和产业数字化为主线，聚焦数字政府建设，数字技术创新，数字基础设施建设，数字产业化发展，产业数字化转型以及新业态、新产品培育等六大重点任务；深入实施社会治理数字化应用示范、重大创新平台建设、新型基础设施建设、数字经济产业创新集聚、工业互联网创新应用、数字农业发展示范、数字湾区建设等七大重点工程。

四、湖南省数字经济发展规划（2020—2025年）

总体目标：争取到2025年，全省数字经济规模进入全国前10强，突破2.5万亿元，数字经济占GDP比重达到45%，数字经济基础设施能力全面提升，数字治理体系初步完善，湖南成为全国数字经济创新引领区、产业聚集区和应用先导区。

发展重点：将实施10个重点工程，包括自主可控计算机及信息安全产业提升工程、新型显示器件产业壮大工程、集成电路产业成长工程、超高清视频产业培育工程、移动互联网产业提质工程、工业互联网创新发展工程、物联网产业强基工程、人工智能创新引领工程、大数据产业促进工程、区块链集成应用工程。

五、河北省数字经济发展规划（2020—2025年）

总体目标：争取到2025年，全省数字技术集成创新和信息产业支撑能力显著增强。电子信息产业主营业务收入超过5000亿元。工业数字化进入全面扩张期，两大产业融合指数达到94。共享经济、平台经济等新模式、新业态蓬勃发展。国家新兴数字工业化发展区、制造业数字化转型示范区、服务业一体化发展试验区基本建成。

发展重点：根据实际情况，《河北省数字经济发展规划（2020—2025年）》指出了河北省数字经济发展中存在的四个问题，即数字经济核心产业规模小、制造业数字化水平低、科技创新能力弱、新业态和新模式发展缓慢。该计划提出以构建数据资源体系和产业创新体系为重点,实施20项专项行动,精准聚焦、重点突破、有效实施、统筹安排数字工业化、产业数字化、社会治理数字化等任务。

六、山东省支持数字经济发展的意见

总体目标：数字经济与经济社会各领域融合的广度、深度显著增强，重要领域数字化转型率先完成，数字经济规模占地区生产总值比重年均提高2个百分点。

发展重点：《山东省支持数字经济发展的意见》围绕数字产业化、数字农业、智能制造、智慧服务、培育新业态5大任务，从加大要素供给、强化人才支撑、激发创新活力、培育市场主体、加强资金扶持等5方面，提出了19条具体的政策措施。其中，为激发创新活力，对获得省级及以上自然科学、技术发明、科学技术进步奖的数字技术企业，省财政一次性给予最高500万元奖励。

七、四川省关于加快推进数字经济发展的指导意见

总体目标：以"数字产业化、产业数字化、数字化治理"为发展主线，数字经济成为创新驱动发展的重要力量。

发展重点：要做大做强大数据产业，打造"成德绵眉泸雅大数据产业集聚区"，建设3~5个大数据产业基地；加快发展人工智能产业；促进5G产业突破发展，大力建设"天府无线通信谷"、中国移动（成都）产业技术研究院、中国电信云锦天府 5G 应用产业园、中国联通 5G 创新中心等产业载体和创新平台；大力发展超高清视频产业；巩固发展电子信息基础产业；大力发展数字文创产业等。

八、江西省出台数字经济发展三年行动计划（2020—2022 年）

总体目标：把数字经济发展作为加快江西省新动能培育的"一号工程"，加快构建全省数字经济生态体系，促进经济、政府、社会各领域数字化转型。

发展重点：数字技术创新行动以突破一批核心技术、汇聚人才要素资源为重点；培育壮大 VR、移动物联网和大数据及云计算等先发优势产业，巩固提升人工智能、5G、北斗和区块链等前沿新兴产业，做强做优电子信息基础产业；加快制造业、农业和服务业数字化转型，赋能经济高质量发展。

九、山西省加快推进数字经济发展的若干政策

总体目标：全省数字经济创新发展基础进一步筑实，信息产业保持高速增长。到 2025 年，全省数字经济迈入快速扩展期，与数字经济相适应的政策法规体系建立完善，全民数字素养明显提升，数字经济规模达到 8000 亿元。

发展重点：明确"网、智、数、器、芯"五大领域任务。"网"，提升网络设施能力；"智"，推进经济社会智能化转型；"数"，培育壮大新兴数字产业；"器"，提升电子信息产品制造能力；"芯"，支持半导体高端核心产业快速发展。

十、贵州省数字经济发展规划（2017—2020 年）

总体目标：探索形成具有数字经济时代鲜明特征的创新发展道路，信息技术在三次产业中加快融合应用，数字经济发展水平显著提高，数字经济增加值占地区生产总值的比重达到 30%以上。

发展重点：发展资源型数字经济，释放数据资源新价值；发展技术型数字经济，打造信息产业新高地；发展融合型数字经济，激发转型升级新动能；发

展服务型数字经济，培育数字应用新业态。

十一、广西壮族自治区数字经济发展规划（2018—2025年）

总体目标：到2025年，全区发展形成具有较强核心竞争力的数字经济生态体系，带动实体经济实现大幅跃升，国际影响力显著增强，成为面向东盟的数字经济合作发展新高地和"一带一路"数字经济开放合作重要门户。

发展重点：以推进数字产业化和产业数字化为主线，以做强中国—东盟信息港为战略支点，加快发展新一代信息技术产业，大力推动互联网、大数据、人工智能和传统产业深度融合，夯实完善数字经济发展基础和治理体系，打造面向东盟的数字经济合作发展高地，构建形成具有广西特色的数字经济生态体系，推动我区经济发展由投资驱动、资源驱动向数据驱动、知识驱动转变，为扎实推进富民兴桂事业、奋力谱写新时代广西发展新篇章提供强有力支撑。

十二、内蒙古自治区关于推进数字经济发展的意见

总体目标：到2025年，全区数字基础设施进一步完善，产业融合创新取得重大进展，数字化治理能力有较大提高，数字化公共服务能力进一步增强，数字经济对国民经济发展的先导作用和推动作用得到有效发挥。

发展重点：以"数字内蒙古"建设为核心，以"数字产业化"为推动，以"产业数字化"为主战场，以数字技术应用为重点。

3.4 发展新动力：数字经济与社会发展

当前，数字经济已经成为推动世界经济增长的强大动力，谁引领了数字经济，谁就掌握了全球经济新一轮发展的主动权。目前，我国经济发展阶段已经从高速增长转向高质量发展，亟须培育新动能和新增长点。国家也非常重视数字经济的发展，习近平总书记曾多次强调要抓住机遇，促进数字经济的发展，做大做强，以旧动能推动新动能。当前数字经济已经成为中国经济发展的新动能。

第一，数字经济增强中国经济和社会发展韧性。

我国数字经济规模不断扩大，数字经济的政策从中央逐步落实到地方。根据《中国数字经济发展白皮书（2020年）》数据显示，2019年，我国数字经济增加值达到35.8万亿元，占GDP比重达到36.2%，数字经济逐步成为国民经济的主导力量。数字经济的发展打破了与传统产业之间存在的壁垒。将传统产业与数字产业相融合，突破了时间和空间的限制，促进了数字化进程的发展，激发了社会发展的潜力，提高了应对风险的能力。例如在新冠疫情蔓延的背景下，数字经济对我国的防疫工作、经济复苏和经济发展都提供了有力的支持。大数据的发展为用户的生产和生活提供了极大的便利，线上网课、线上直播、线上消费、线上会议使得一些产业在疫情的影响下迅速恢复，而且疫情对于大数据相关产业的冲击较小。在疫情防控过程中，大数据也发挥了巨大的作用，通过健康码、行程码等密切关注人员的流动，为疫情防控提供了很大的帮助。

第二，数字经济助力构建国内国际双循环相互促进新格局。

新格局是党中央根据中国当前的经济形势，"因时制宜"提出的重要举措。数字经济是为了适应国内国际的形势，满足市场需求的新途径。

一是数字经济从供给和需求两个方面促进了产业的发展。通过将数字经济与实体经济相互融合，能够帮助提高产品的销量，与此同时提高产品的质量和生产效率。数字经济改善人民的生活水平，满足不同层次用户的不同需求。数字化的发展也降低了信息不对称性，提高了资源的利用效率。数字技术的进步直接推动了5G网络、人工智能的发展。

二是数字经济使国内外经济有效衔接在一起。数字经济将给中国带来财富效用，数字产业以及经济的不断发展将带动市场的需求，再加上中国一直以来积极参与世界经济之中，这会增强中国与其他各国的合作，吸引大量的外资流入。而且，由于各国之间的联系越来越紧密，信息不透明程度降低，减少了国际之间的合作成本，这有利于各国的经济发展。传统产业可以通过"众包"的形式进行跨国外包，这在密切了各国经济联系的同时也促进了国际分工的发展。比如基于数字经济的我国跨境电商行业发展迅速，2015—2019 年年均增速近50%，极大推动了我国对外贸易的发展。

第三，数字经济推动经济和社会高质量发展。

高质量发展就是生活和生产的各个方面都得到提高，人民消费水平和消费层次上升，生产水平提高。数字经济为高质量发展提供了内生动力。当前，数字化的信息和服务已经成为日常生活中不可缺少的因素之一，它不仅为社会发展提供了大数据、云计算等高科技，也为一些产业的创新和转型升级提供了动力。数字对传统产业的渗透使得产业可以通过数据了解客户的需求，制定相关的策略，从而促进产业的发展和转型升级。数字产业的发展和扩张也为消费者提供了更加多样化的选择。例如，数字影视、数字动漫、数字游戏、数字出版、数字音乐、移动应用、网络服务、内容软件等，在满足人民高层次需求的同时也提升了生活品质。数字经济也为企业提供了更大的平台和更多的销售模式，有利于减少资源的浪费，实现绿色低碳经济的发展。数字经济的发展也提高了政府服务和社会治理的效率。在数字化的社会，大数据提高了政策的透明度，使得公众可以及时了解政府的动态，政府也可以准确把握公众的需求，这极大提高了政府调控宏观经济的效率。

数字经济作为我国经济社会发展的新动能，需要我们找准着力点不断深化推进。

一是找准现有数字技术中存在的"卡脖子"问题，加大资源投入，集中攻关。在一些与大数据紧密相关的核心技术产业，应该积极鼓励创新，培养一批优秀的数字技能型人才，培育一批具有竞争力的企业，来提高我国的核心竞争力。

二是着力解决数字经济区域发展不均衡问题。目前，在数字经济方面，我国东中西部、城乡之间存在很大的差距。针对此问题，政府应该加大对落后地区的扶持力度，逐步建立起中东西部、城乡之间资源协同共享，形成发达地区带动落后地区的发展局势，逐步缩小差距。

三是构建一批覆盖全国全行业的权威数据库。建立健全完整的数据库，为促进大数据的创新和发展提供高质量的信息和数据服务。

四是推进"数字中国"建设。让大数据在生活中得到广泛应用，建立数字化和智能化的新型城市。

五是扩大国内数字经济领域开放。在保证社会经济和人民财产安全的前提下，扩大数字的应用领域。积极引进外资，吸引国外优质项目投入国内，加强与世界各国的合作，促进数字化经济的发展。

六是加强数字"一带一路"建设。推动"一带一路"向数字化的方向转型，加强数字化"一带一路"的建设，积极推动国内国外双边贸易的展开，共建数字"一带一路"产业链和信用链，构建以中国为主的数字"一带一路"全球价值链体系。

3.5 增长新引擎：数字经济与企业增长

企业是经济活动的主体，企业数字化转型是数字经济的重要组成部分，在数字经济浪潮下，企业或主动或被动地接受着数字化产品、服务的改造。不同的企业在信息化程度、资金实力、外部环境、组织结构和人才储备等方面存在巨大差异，他们在数字化程度和转型需求上各不相同。

（一）中小企业是我国市场的主力，数量占市场总体的 98%以上，但整体生命周期短，信息化水平和综合实力偏低，不具备足够的人力、财力和技术进行全面改进。尽管中国具备发展数字经济的很大优势，但是很多中小企业由于财力不足等原因，常常无从下手。

（二）大中型企业是市场的中坚力量，大多数已经具备较高的信息化水平，也有足够的实力进行数字化转型，所处的市场环境竞争十分严重，对数字化有较高的认知，扮演着参与者的角色。

（三）头部型企业大多是转型成功的企业，具备了良好的数字化水平，不仅能够从数字化转型中获得足够的发展动力，还能带动整个行业和上下游企业的数字化转型，扮演着转型领军者的角色。

一、正确认识数字化转型

数字化提供的是工具和方法论，企业转型升级的根本在于商业模式和管理理念的革新。企业获得收入的根本在于通过合理的商业模式为客户提供产品和服务而创造的价值，管理的目的则是为了商业模式能够在成本范围内得到有效的执行。数字化的核心追求在于"开源、节流、提效、创新"，企业数字化转型本身并不是直接贩卖"数字化"，只是为企业运营和管理提供更先进的工具和方法论。一些企业在数字化过程中盲目追求技术和能力的高大上，忽视了客户和员工的核心诉求，并未真正为客户提供更高的价值或为员工提高工作效率，容易造成资源的闲置和浪费。数字化转型是一个复杂而长期的过程，在技术投入的同时，要切中业务痛点，进行系统性调整和改革。

企业数字化转型的理解

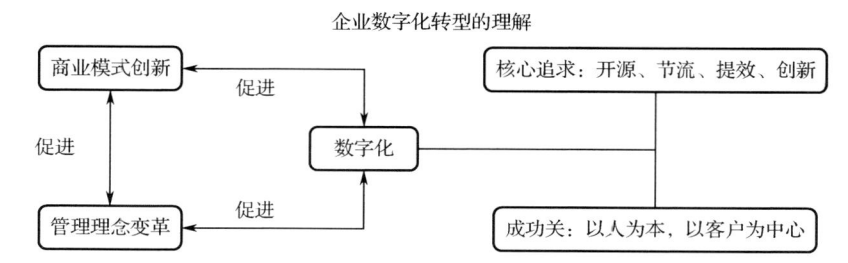

商业模式创新 ←促进— 数字化 —— 核心追求：开源、节流、提效、创新
↕促进   ↕促进
管理理念变革 ←促进—   —— 成功关：以人为本，以客户为中心

以人为本是企业数字化转型成功的关键。首先，数字化转型是一个系统工程，断章取义和半途而废都会导致数字化很难发挥真正的作用而沦为鸡肋，因此获得企业从管理层到基层的一致支持至关重要。其次，数字化转型的意义在于解放员工。一方面，企业可以通过 RPA 等软件措施让员工从重复的低附加值的工作中解放出来；另一方面，冗余的和不合实际的数字化工具会降低员工的工作效率，打击员工的积极性。因此企业在做数字化加法的同时，需要从员工实际情况出发，量体裁衣，打造更符合需求的数字化体系。最后，企业数字化转型的终极目的是能够通过数字化手段，获得并分析客户需求，以此做出决策，从而更好地为客户提供产品和服务。

二、实施落地的建议

企业实施数字化转型的过程中并没有统一的标准，也没有放之四海皆准的方法，我们根据企业所处的数字化阶段，提供一些参考和建议：

初级阶段：平台借力，快速夯实基础。处于初级阶段的企业实施数字化转型往往存在力量不足、专业人才缺失、投入资金有限等问题。为解决这些问题，可以采用成本较低、实施周期较短、升级较为方便的企业级 SaaS 产品，通过"软件即服务"的模式交付产品，不仅可以以较低的时间和资金成本掌握一定程度的数字化能力，同时还能规避前期试错风险，是进行数字化转型尝试的最佳选择。

完善阶段：精打细磨，满足个性化。当企业具备初步的数字化能力后，转型的重点应由技术引进转为自我提升，毕竟企业自己才最了解自身业务和流程，因此掌握一定的自主能力成为该阶段的必修课。对于实力强大的企业来说，可以通过自建IT团队来实现这一目标，对于IT力量较为薄弱的企业，"低代码"提供了相应的解决方案。它将代码可视化，使业务人员通过"拖拉拽"的方式即可搭建企业自己的数字系统，而且在之后的过程中随时可以根据自身的变化进行更新。数字能力薄弱的中小型企业可以由此入手，逐渐升级自己的IT力量。

企业数字化转型的四个阶段

初级阶段
企业数字化程度低、技术储备和资源相对缺乏，可以借助外部力量过渡该阶段。

完善阶段
企业具备一定程度的数字化能力，需要满足自身个性化需求，自建IT力量或者采用"低代码"可以完善需求。

深化阶段
企业数字化程度较高，数字化需要和管理理念、商业模式匹配，可适当借助咨询公司的力量。

领军阶段
企业数字化相对成熟，可以对外输出数字化产品、解决方案和咨询服务，引领数字化浪潮。

企业数字化转型的四个阶段

深化阶段：融会贯通，神形兼备。数字化并非独立的技术问题，而是与商业模式、管理理念相辅相成的，最终实现组织、管理和文化的深化与成功。当企业掌握了数字技术后，管理能力的提升至关重要。长期以来，国内企业重业务轻管理，企业发展到一定阶段容易出现后劲不足的问题。管理能力的提升并非易事，借助管理咨询公司的专业知识和经验可以帮助企业顺利度过这一阶段，例如，华为早期就是引入了IBM的管理经验，使得自己的管理水平快速提升。数字时代这一举措的必要性更加凸显。

领军阶段：技术溢出，引领数字化。处于这一阶段的企业，数字化程度非常高，是许多企业学习和模仿的对象。一些企业更是将自身的成功经验总结成解决方案和管理经验，进行大范围的推广，引领企业数字化革新浪潮。以平安为例，从2018年开始，平安将自己多年的数字化能力，在平安智慧城市的品牌下对外输出，聚焦于中大型企业，助力行业客户解决数字化转型痛点。通过提供从战略规划咨询到产品、解决方案的全链路服务，平安智慧政企帮助更多企业实现从战略目标规划与分解、组织结构优化、业务流程全面打通、运营管理提效降本等多环节的数智化转型目标。京东、顺丰等，同样在不同领域，将自己的技术能力对外输出。

数字化世界的边界十分宽广，企业的探索也应不断创新和突破，从而帮助更多企业实现转型目标，助力国家数字经济的发展。

3.6 成长新趋势：数字经济与个人成长

人类进入数字经济时代是信息科技发展的必然结果。以积累大量数据资源为基础，通过人工智能和大数据等各种新技术对数据进行采集、清洗、加工、处理、分析及应用，可以全面提升个人之间的协同效率，全面提升产业链上下游的协同效率，全面提升社会不同角色之间的协同效率。

数字经济时代，给组织和个人带来了很多新机会。

第一，出现了大量的新兴职业。比如主播、达人、外卖配送员、网络陪伴师、自媒体工作者等。职业规划朝自由化、碎片化方向发展，越来越多的人从事自由职业，一定程度上可以解决家庭和工作之间的平衡问题。

第二，协同效率更高。无论是个人之间合作，还是企业之间合作，出现了大量的数字化工具来提升协同效率，比如钉钉、企业维系、飞书等，通过这些工具，大力提升了工作和产业协同效率。

第三，收入来源更加多元化。除了工资外，很多人都开辟了第二职业，比如通过兼职主播带货，通过兼职自媒体创作，通过兼职培训师来丰富职业收入。

第四，智能化程度大幅提升。智能汽车，智能家居，智慧校园等全新的智能产品和业态全面进入老百姓生活，不仅可以大幅提升安全性，还可以将人从一些繁重的体力劳动中解放出来，做一些更有创造力的工作。

第五，社会运行总体成本下降。大量新技术和新工具全面提升了社会整体的运行效率，让全社会总体运行成本大幅下降。以这次抗疫为例，通过应用大量的大数据工具和技术，让疫情控制更加精准有效，大力减轻疫情对我国各产业的打击。

数字经济带来了很多发展机会，也带来了很多挑战。

第一，数据安全问题。一个层面是怎么保护个人数据的隐私，另一个层面是怎么保障企业数据的商业安全，最重要的是怎么保证国家数据的主权安全。

第二，产业升级带来的阵痛。很多传统产业需要进行数字化升级改造，可能会导致很多传统的产业工人失业。

第三，数字化让社交朝线上化和碎片化方向发展，会加剧整个社会的孤独感，越来越多的人陷入抑郁症、焦虑症等心理疾病的阴影中。

第四，可能导致很多传统企业破产、淘汰。很多传统的品牌和企业，由于跟不上时代发展，没有进行必要的改革和创新，会在数字经济时代被淘汰出局。

第五，政府组织结构老化，服务能力滞后。最典型的是中国东北，无论是官员还是民众，整体的发展思维滞后，导致经济发展全面落后。

针对这些挑战，如何准确把握时代机会，个人和企业应该怎么做？

首先，保持终身学习的态度。这个时代唯一不变的就是"变化"。只有不断学习，不断更新个人和组织的知识结构，才可以跟上这个时代发展的步伐。

其次，积极拥抱新经济。线上直播、在线课堂、在线医疗这些新经济、新业态，我们要全面拥抱。

第三，学会减压，保持身心健康。不仅要加强身体锻炼，也要加强心灵的修炼。

第四,做一些更有创造力的事情。比如从事艺术创造、新技术开发、心理咨询等机器无法取代的工作,减少职业焦虑。

第五,建立更加开放合作的发展格局。企业发展不能局限在自我闭环中,要充分利用外部资源来加强企业能力建设,让企业的发展更有竞争力。

第二篇
数字经济的核心要素

　　数字经济是继农业经济、工业经济之后的更高级的经济发展形态，它是以数据作为核心生产要素，以互联网作为主要载体，以信息技术[1]创新作为核心驱动力，促进包容、创新、高效和可持续发展的新经济形态。简言之，对于数字经济而言，数据是要素，网络是载体，融合创新是动力。

---

[1] 信息技术：包括通信、互联网、云计算、大数据、人工智能、区块链等驱动数字经济发展的新兴技术。

第4章
数据：数字经济的核心生产要素

习近平总书记在2017年中共中央政治局第二次集体学习时强调："要构建以数据为关键要素的数字经济。"党的十九届四中全会首次提出将数据作为生产要素参与分配。

2020年发布的《中共中央 国务院关于构建更加完善的要素市场化配置体制机制的意见》将数据作为与土地、劳动力、资本、技术并列的生产要素，要求"加快培育数据要素市场"。

完善要素市场的配置，可以提高要素的活力，为经济发展提供新动力。中国经济改革研究基金会理事长宋晓梧表示：宏观经济的发展依赖于微观主体的作用，提高微观要素的活力将有利于企业的发展；数据等生产要素与其他生产要素存在很大的关联，它可以使得其他生产要素呈现出倍增的效率，所以它对我国经济发展具有重要意义。生产要素的发展见下表。

生产要素的发展

历 史 阶 段	生 产 要 素
农业时代	土地、劳动

续表

历 史 阶 段		生 产 要 素
工业时代	第一次工业革命	土地、劳动、资本
	第二次工业革命	土地、劳动、资本、企业家
信息/数字时代		土地、劳动、资本、 企业家、数据

4.1 数据作为生产要素：数字经济的基石

4.1.1 数据的价值

数据本质上是货物、服务或经济实体的电子或非电子记录。根据数据值的不同形式，数据可分为以下四类：

第一类：数据本身是最终的商品或服务，例如新闻、短视频、电子音乐等。

第二类：作为生产要素直接交易的数据，例如通过大数据交换流通的各种不敏感数据。

第三类：数据作为企业内部的生产要素，有助于提高产品或服务的质量或生产率，例如引流、效果广告、分销优化等，但这类数据不直接在市场上进行交易。

第四类：数据作为生产要素，在并购或战略合作中很有价值，这类数据不直接用于交易，而只是并购或合作谈判中讨价还价的筹码。

在实际生活和工作中，大家通常接触的是第一类的数据，严格来讲，这类数据并不能作为生产要素。第二类和第三类的数据可以用于生产力的提升，可以作为生产要素。随着并购、融资的发展，第四类数据目前在业界很常见，例如在美团收购摩拜单车的过程中，摩拜单车用户数据的价值是美团收购摩拜单车的直接驱动力之一。

4.1.2 数据价值的评估方法

根据数据资产的定义，具有实际应用价值的数据才能被认为是数据资产。那么如何评估数据资产的实际应用价值呢？

由于数据资产无实物形态，所以可以将其看作一种特殊的无形资产。而根据无形资产的评估思路，数据资产有以下三种评估方式：市场法、成本法和收益法。

使用市场法进行评估有两个前提条件：一是活跃的公开交易市场，二是市场上有大量的数据资产的相关指标、参数资料和数据资产交易案例。目前数据资产交易案例并不存在活跃的公开交易市场，数据资产交易案例相对较少，故从市场法角度开展评估较为困难。

运用收益法评估的一般办法，需要根据未来预期收益结合企业现有的发展战略、资产结构和经营条件等情况来衡量数据资产的资本化价值。

运用成本法评估的一般办法需要建立在具有历史资料的基础上。其公式如下：

$$被评估数据资产的价值=重置成本-功能性贬值-经济性贬值$$

重置成本包括建设成本、维护成本和管理成本。其中，建设成本即数据规划、数据采集、数据核验和数据标识等在数据积累过程中企业所支付的成本；维护成本是指在企业获得数据后对数据进行存储、归集、维护以及折旧等方面的费用；管理成本包括人力资源成本以及数据资产在外包业务中产生的费用。由于数据资产没有实体特征，其贬值主要包括功能性贬值和经济性贬值。功能性贬值是指新技术的推广和运用，将企业原有数据资产与社会上普遍推广和运用的数据资产相比较，技术明显落后，性能降低，其价值也就相应减少。经济性贬值也称为外部损失，是指由于资产的外部影响造成的价值损失。在数据资产上体现为在数据资产应用中，变现效率降低，甚至无法用于变现，并由此造成数据资产的变现能力降低。

数据资产的价值分析可从质量维度、应用维度和风险维度三方面展开，每个维度都有不同的度量指标。

一、数据质量维度

数据质量具体表现在数据完整性、数据活跃性、数据唯一性、数据准确性等指标上。在其他条件相同的情况下，数据价值与有效数据的高低和数据质量成正比。影响数据价值最首要的因素是数据质量，因为质量低的数据不仅会占用大量的存储空间，还会提高数据保管的成本。数据资产质量价值的影响因素包含真实性、完整性、准确性、安全性、数据量等。

真实性，表示数据的真实程度。只有真实的数据才能反映它应有的价值，不真实的数据不仅会影响统计的结果，还会造成资源的浪费。

完整性，表示数据作为被记录对象的相关指标的完整程度。若采用的数据不完整，有可能影响整个实验的结果。此外，数据采用得越少越可能出现偏差，数据资产的价值也就越小。

准确性，表示数据被记录的准确程度。在日常生活中，对于拿到手的数据都需要进行整理，排除异常值、无效值等，这需要占用大量的时间。数据清理极为复杂，越准确的数据在进行清理时消耗的成本越低。

安全性，表示数据不被窃取或破坏的能力。数据的安全性低，它的价值贡献就会低，而且还需要企业付出更多的成本，那么它的数据价值就不会高。

数据量，数据量可以根据数据大小、数据类型等进行权衡。数据的规模就是数据量的大小。数据类型反映在丰富的数据类型和数据源中。数据资产的价值密度是有效数据量占总数据量的比值。在数据资产价值密度一定的前提下,有效数据量越大,数据资产价值越大,甚至随着数据资源类型的丰富而呈指数增长。

二、数据应用维度

企业对数据资产的应用程序管理直接影响其价值。从数据挖掘的角度来看,企业对数据资产的技术投资越大,数据挖掘的水平越高,数据资产在运营管理中的作用越明显,数据资产的价值越高。从管理层的角度来看,企业应该重视数据资产的管理,包括数据库设计和产品支持,以维护和增加数据资产的价值,并使数据资产的价值最大化。从应用维度来看,经过技术分析,不同的数据有不同的应用方法,应用领域的范围也不同。应用程序维度越宽,数据资产的价值就越高。数据资产应用价值的影响因素包括稀缺性、时效性、多维性和场景经济性。

稀缺性,是指数据资产所有者独占访问数据的程度。商业竞争的本质部分来自对稀缺资源的竞争。在制造业呈差异化发展的情况下,稀缺数据资源背后的潜在商业价值更加突出,例如,记录驾驶员驾驶习惯的数据,包括行驶速度的稳定性数据、踩下制动器和油门的频率等。保险公司可以利用这些数据分析驾驶员的驾驶习惯和事故风险概率,从而相对准确地计算车辆保险费,更有效地提高保险费的合理性。然而,此类数据很少,因为通常只有汽车制造商或保险公司才能获得。与驾驶员姓名、联系方式和其他一般信息相比,驾驶习惯数据因其稀缺性而显示出更高的价值。

时效性,数据的时效性决定了决策在特定时间内是否有效。例如,在智能交通管理出现之前,交通管理中心收集的交通数据通常是滞后的,驾驶员接收的路况信息是几天前的。低时效性导致数据的价值大大降低。通过智能交通管理，信息中心可以获取车辆的实时位置，计算出车辆的即时交通流量，从而提前采取措施缓解交通压力。可以看出，数据的时效性在某些应用场景中十分重要。

多维性，表示数据覆盖的多样性。例如，用户在搜索引擎中查询"美女""学区""财务招聘"等问题。搜索引擎可以根据这些问题和打开的相关链接分析用户的年龄、性别、文化背景、职业类别和需求偏好。同时，可以根据使用的手机或电脑品牌、更换通信设备的频率等推断用户的收入等级。通过挖掘和连接数据，搜索引擎可以描绘多维用户画像。数据的价值与数据维度和应用范围成正比。

场景经济性，数据的价值在于与应用场景的结合。在不同的应用场景下，数据的经济价值是不同的。如上文所述，驾驶习惯数据可以帮助保险公司更准确地计算保险费和理赔概率，以提高利润。这些数据还可以帮助物流公司招聘合适的司机，但招聘场景中的应用价值可能不会帮助保险公司增加利润。例如，物流公司场景中使用的交通信息比个人旅行场景中的交通信息具有更大的经济价值；再比如，当多维用户画像用于寻找高净值客户时，就比用于普通日用品的促销场景时具有更大的经济价值。

三、数据风险维度

法律限制，数据资产的所有权等因素直接影响数据资产的资产属性。数据资产所有权的具体形式、所有权的完整性和诉讼历史等法律因素将直接影响数据资产的价值。此外，企业在使用数据资产的过程中也会存在一定的安全风险。尽管某些信息和数据具有很高的价值，但不当使用可能会侵犯个人隐私、泄露商业秘密，甚至损害国家利益、违反法律法规。因此，在数据资产的实际应用中，无论是企业自身使用数据给企业带来直接经济利益还是进行数据资产的交易，都应注意数据资产的合法性，确保数据资产在法律允许的范围内使用。

道德约束，是指来自社会舆论压力的风险等。如果公司对在生产经营过程中获得的用户个人信息进行不恰当使用，那么将会影响公司的品牌形象，甚至失去客户的信任，对公司和数据的价值都有很大的负面影响。

总结来看，企业数据资产价值的影响因素见下表。

企业数据资产价值的影响因素

影 响 因 素	具体影响指标
● 数据质量	● 完整性、活跃性、唯一性、准确性、真实性、数据成本、安全性
● 数据应用管理	● 稀缺性、时效性、多维性、场景经济性
● 法律权属	● 数据权属、安全性

4.1.3 数据成为生产要素是一个渐进的过程

从威廉·配第的"土地为财富之母，而劳动则为财富之父和能动的要素"，到产业革命引发资本和技术成为推动长期经济增长的关键要素，再到当前数据越来越成为数字经济运转的"新石油"，可以看出，任何一种生产要素真正发挥作用都不是一蹴而就的，而是在生产实践中不断融合培育出来的。

如今，人工智能、大数据、云计算等数字技术发展迅速，从长期趋势来看，数据要素终将大规模地渗透进生产、分配、交换和消费的各个领域，提升全要素生产率，推动全球经济的新一轮持续增长。

4.2 数据融合：让数据更有价值

随着数字化转型的逐步推进，企业在获得竞争优势的同时往往面临"数据孤岛"的困境——复杂的业务数据分散在不同的部门和不同的业务系统中，不同的子系统和设备无法连接。为了实现不同价值链中多个环节之间的数据流，数据中心技术和物联网连接技术正在打破独立子系统和数据源之间的壁垒，在实现价值链之间的数据融合和协作方面发挥重要作用。

一个成熟的数据中心平台就像城市中的一座纵横交错的立交桥，将所有节点连接起来，确保数据通畅。在数据处理能力方面，数据中心平台可以以灵活的方式集中显示数据，并能够以不同的格式集成多个数据库和数据，从而将企业数据平台化，查找和分析跨域数据关联，从而有效管理企业级数据资产，为满足不同业务的需求做好准备，为数字化转型奠定基础。

数据的融合并不是最终目的，而是在此基础上，通过对数据进行梳理、挖掘和结构化，得到各个环节的关联性。通过跨价值链数据融合建立的知识地图可以称为知识中间地带，它实际上是一对基于企业真实数据的数字孪生兄弟，为未来的人工智能应用、企业运营优化和管理改进提供了必要的基础。

4.3 数据治理：数字经济发展的基础

数字经济时代要重视数据治理，加强大数据管理与安全防护，提升基础研究与自主创新能力，进一步推动大数据在更深层次与实体经济融合。

从移动互联网实现人与人的连接，到物联网、工业互联网、传感器等促进物与物的连接，再到 5G 推动万物互联，不仅带来了数据量的爆炸式增长，也带来了"数据洪流"，源源不断地为推动数字经济发展注入新动能。

中国通信标准化协会理事长奚国华在 2019 年大数据产业峰会上指出，数据应用背后的管理没有得到社会各界的足够重视。低数据质量、数据孤岛、数据安全管理不足、数据流通和共享不良已成为大数据应用开发的障碍。

近两年，大数据与各行业的结合更加紧密，与实体经济的融合更加深入，智能制造、智慧医疗、智能交通等新模式、新业态不断涌现。

奚国华认为，目前，大数据产业的应用主要体现在数据处理和企业管理效率优化等方面，这需要鼓励大数据技术企业不断提高大数据平台和应用的可用性和易操作性，大力推动各应用行业的产品、服务和解决方案的发展。

中国信息通信研究院云大所所长何宝宏表示，我们正从高估大数据的短期影响向低估大数据的长期影响转变，现在做数据的企业几乎什么活都需要干，最根本原因是整个数据产业处于初期阶段，数据在垂直行业应用才刚刚起步，行业内分工仍然模糊，需要进一步细化。

大数据产业融合创新带来发展新机遇的同时，也面临着挑战。数据安全、隐私保护、数据壁垒等问题尚未解决，数据质量、数据确权等问题日益凸显，大数据核心技术自主研发能力亟待加强。

何宝宏认为，隐私保护、数据保护、数据流通不仅要靠管理和政策，也要靠技术手段。

此外，转变数据安全防护的体系和思路也不容忽视。中国电信云计算公司大数据安全负责人关泰璐认为，大数据安全既要关注外部安全，更要关注内部安全，注重数据本身的保护问题，要考虑数据的合规、用户隐私保护、业务和应用系统方面的安全，但大数据安全和传统安全不是割裂的，数据安全是建立在传统安全之上的。

针对大数据技术研发现状，奚国华指出，这几年我国大数据基础创新能力和应用能力得到快速发展，但大部分是基于国外开源产品的二次开发，原创能力亟待加强。大数据应用方面也是如此，集成创新比较强，但基础创新还不够。建议找到正确的重点和突破口，建立具有自主核心技术的大数据产业链，并建成独立、可控的大数据技术架构，提升关键核心技术的自主研发能力，有效解决限制产业发展的问题。

4.4 数据资产：管理与变现

数据资产是指企业拥有或控制的、能够为企业带来未来经济利益的并以物理或电子方式记录的数据资源，例如，文件和电子数据等。在企业中，只有能为企业创造价值的数据资源才是数据资产。

数据资产管理是指规划、控制和提供数据及信息资产的一组业务职能，包括制定、实施和监督与数据相关的计划、政策、项目、流程、方法和程序，以控制、保护、交付和提高数据资产的价值。数据资产管理需要充分整合业务、技术和管理，以确保数据资产的价值维护和增值。

数据资产变现一般是指企业经营过程中所积累的数据资产，通过一定的商业模式，转变成企业的现金流，为企业开辟新的营收渠道的过程。数据资产变现是数据资产管理和使用的核心工作之一，也是数据资产管理的一个重要目的。

4.4.1 规范数据资产管理

数据资产管理在大数据系统中的定位如下图所示。它位于数据应用层和数据资源层之间，作为连接前一层和后一层的重要纽带，发挥着重要作用。一方面支持面向价值创造的数据应用开发，另一方面依托大数据平台实现数据的全生命周期管理。数据资产管理包括两个重要方面：首先，数据资产管理的核心是管理职能；其次，确保这些管理职能实施的保障措施，包括战略规划、组织结构、制度等。

数据资产管理在大数据系统中的定位

数据资产管理贯穿于数据收集、存储、应用和销毁的整个生命周期。企业数据资产管理是对数据进行全生命周期的资产管理，从内部增值和外部效率两个方面促进数据价值的实现，并在整个管理过程中控制数据的成本消耗。在数据生命周期开始之前，企业预先制定数据规划和定义数据规范，以获得数据收集、交付、存储和控制所需的技术能力。数据资产管理一般包括4个主要阶段：总体规划、管理实施、审计和检查以及资产运营。

数据管理的概念伴随20世纪80年代数据随机存储技术和数据库技术的使用而产生，并使得计算机系统中的数据可以方便地存储和访问。国际数据管理协会（DAMA）在2009年发布的数据管理知识体系DMBOK1.0中，将数据管理定义为规划、控制和提供数据资产，发挥数据资产的价值。DAMA将数据管理划分为数据治理、数据架构管理、数据开发、数据操作管理、数据安全管理、参考数据和主数据管理、数据仓库和商务智能管理、文档和内容管理、元数据管理、数据质量管理10个领域。

其中，数据治理是一项高级的系统性数据管理活动，其关键管理活动包括制定数据策略、改进数据策略、建立数据架构等，重点关注数据用户、使用方法、使用权限等的合规性制定，强调在数据资产全生命周期管理之前开展基础工作，并重点关注数据资产管理的相关保障。2015年，DAMA在DBMOK2.0知识领域将其扩展为数据治理、数据架构、数据模型与设计、数据存储与操作、数据安全、数据集成与互操作性、文件和内容、参考数据和主数据、数据仓库和商务智能、元数据、数据质量等11项管理职能。

在数据资本化背景下，数据资产管理是数据管理的进一步发展，可以看作数据管理的升级版本，两者的主要区别可以从三方面看：

（一）数据管理的视角不同。

数据资产管理强调数据是一种资产，基于数据资产的价值、成本、收益开展全生命周期的管理。

（二）管理职能有所不同。

数据资产管理包括传统的数据管理功能，如数据模型、元数据、数据质量、参考数据和主数据以及数据安全等。同时，集成了数据架构、数据存储和操作，将数据标准管理纳入管理功能，为当前应用场景和平台建设增加了数据价值管理功能。

（三）管理要求有所升级。

在"数据资源管理向数据资产管理转变"理念的影响下，相应的组织结构和管理制度也发生了变化。需要更专业的管理团队和更详细的管理系统，以确保数据资产管理的流动性、安全性和有效性。

数据作为日益重要的生产要素，将成为比土地、石油、煤矿等更为核心的生产资源。如何处理和利用数据，释放数据价值，实现企业的数字化转型，是企业面临的重要问题。虽然全面有效地挖掘数据价值的过程充满了障碍，但是数据资产管理通过提升数据资产质量、建立数据资产目录、构建企业数据之间的血缘关系等手段，逐步扫清了这些障碍。

有效的数据资产管理是数据资产变现的重要前提和手段，可以为数据资产变现提供优质的数据资源，降低数据运营的难度，是沉淀企业数据资产不可或缺的重要手段。

4.4.2　建立"业务数据化、数据业务化"运行机制

"业务数据化"是指企业通过各种在线业务、应用系统、内部管理系统、内外部数据交换系统、客户关系管理系统等企业运营相关的信息系统存储、积累业务数据的过程。从企业信息化建设的初级阶段开始，企业便积累了大量与运

营和业务相关的数据，这些数据中蕴含着企业的经营密码，具有很高的商业价值。然而，随着信息技术的发展，企业开始进入"数据业务化"时代。

"数据业务化"是指企业通过应用大数据分析技术、人工智能技术、移动互联网技术将企业内部、外部积累的数据资产转化成在线业务的过程，通过这些在线业务，一方面可以提高企业的运营效率，另一方面可以帮助企业建立更加完善的用户服务体系。同时，也可以为企业开辟一种全新的营收渠道，也就是"数据资产管理及变现"。总而言之，"数据业务化"是挖掘企业数据资产价值的过程，是数字化时代每个企业都应该重视的战略性重点工作。

"业务数据化"和"数据业务化"不是相互孤立的，而是相辅相成的，"业务数据化"可以将企业经营过程中各种业务和管理工作所产生的数据积累下来，建立企业级的数据资产库。而"数据业务化"则可以再次唤醒存储在企业数据库中数据的价值，通过数据分析和数据应用发现企业运营和管理中的短板，优化企业的业务流程，为企业开辟新的营收渠道，促进企业整体核心竞争力的提升。

因此，建立"业务数据化、数据业务化"的双向运行机制，对提升企业竞争力尤为重要，是企业数字化转型的核心指导思想。

4.4.3 优化数据质量，沉淀数据资产

数据资产管理是企业数字化建设过程中的重点工作。数据资产管理的主要工作内容包括：

（一）建立大数据资源管理体系，提升数据资源管理水平。

针对新时代大数据的多信息源、多模式、多形式等特点，企业应构建基于大数据云平台的大数据资源管理体系，不断丰富内外部数据资产的内涵，建立大数据资产地图，加强数据集成与共享，提高数据集成能力和响应速度。企业

应创新数据服务模式，构建数据产品体系和大数据应用服务平台，提高大数据实时分析和场景应用水平，形成成本可控、资源动态分配、数据按需服务的稳定高效的企业级大数据应用能力。

（二）建立数据管理成熟度评价机制，实现数据治理成效可量化、可核实、可跟踪、可考核。

升级数据治理手段，从数据战略、数据架构、数据生命周期、数据治理、数据标准、数据质量、数据安全、数据应用等领域定期评估数据管理的综合水平，建立"评估促进再评估"的数据管理成熟度评价机制，并构建一个智能化、可视化的数据质量管理平台，从而发现数据管理能力的薄弱环节，制定快速改进计划。

（三）建立跨行业数据交互标准，形成开放、互联的大数据生态体系。

跨行业的数据交互和共享需要公认的标准体系，建议相关的政府部门及监管机构主导制定术语和流程规范。

（四）健全数据使用的法律法规及行业自律规范，确保数据共享合规及用户隐私保护。

确保信息安全，保护用户权益是数据开放和共享的底线。为此，国家先后颁布了一系列保护公民信息安全的法律法规。此外，商业银行等行业应进一步完善行业内和行业间数据使用自律规范，明确客户隐私边界，建立数据信息收集"黑名单"机制，形成安全、合规、健康的跨行业数据共享秩序。

（五）建立企业级数据质量管理体系，全面提升数据资产质量。

数据质量管理是企业数据治理一个重要的组成部分，企业数据治理的所有工作都是围绕提升数据质量目标而开展的。要做好数据质量的管理，应抓住影响数据质量的关键因素，设置质量管理点或质量控制点，从数据的源头抓起，从根本上解决数据质量问题。数据质量问题采用量化管理机制，按等级和优先级进行管理。严重的数据质量问题或数据质量事件可以升级为故障，并对故障进行定义、分级、预设处理方案和重新检查。量化数据质量使我们能够通过过程控制来监控数据质量。一旦发现异常值或数据质量突然恶化的情况，将遵循数据生成的逻辑，找到生成数据的业务环节，再根据六西格玛流程改进中的经典分析方法来改进业务，从而真正实现目标。

4.4.4 拓宽企业营收渠道，降低企业运营成本

一、数据对于生产型企业的价值分析

可以在产品设计、产品制造、产品测试、产品销售、售后服务以及回收等流程中，考虑数据在链条中的流动情况，考虑数据在提升产品质量、提高生产效率、优化产品设计、促进产品销售、改善服务质量等领域的价值。

二、数据对于平台型企业的价值分析

平台型企业在产业链中发挥着承上启下的作用，由于平台型企业在产业链中处于核心位置，数据对于平台型企业的价值非常巨大。首先，数据本身应该作为平台型企业核心的变现渠道之一；其次，平台型企业应该充分挖掘数据的内在和外在价值，优化产业链的协同效率，促进产业的健康发展；最后，作为处于枢纽地位的平台型企业，应该打通上下游数据链路，提升平台本身的运营效率，降低运营成本，也同时可以通过为上下游企业提供数据链路支持，为整个产业链创造发展红利。

三、数据对于服务型企业的价值分析

可以从服务产品的设计、服务产品的销售、服务产品的评估等方面去考察数据的价值。通过对数据的应用，提升服务类产品的用户体验，提高服务类产品的渗透率。同时，也可以应用大数据技术、人工智能技术和区块链技术对数

据进行处理，之后再包装成在线数据服务，为服务型企业拓展营收渠道。

4.4.5 推动企业经营向数字化转型

随着各行各业数字化的逐步深入，企业经营向数字化转型成为所有企业的必然选择，因为有了数据的互联互通，有了数据的深度应用，决策的速度和精准度都得到了提升。

一、企业成长的速度在加快

一个典型的案例就是，小米集团只用了 8 年时间就从一家创业公司成为一家世界 500 强企业，这在过去是不可想象的事情。

二、产品的迭代周期和更新速度在加快

无论是苹果、还是华为，基本上每年至少都会有一个新版本的产品发布；如果是线上服务类型的产品，迭代速度则更快，基本上每半年，甚至更短的时间内，就完成一次重大的产品升级工作。

三、获得有效用户的时间窗口在缩短

面对一个行业机会，如果企业不能够迅速推出有吸引力的产品去获取用户，就很有可能与这个机会失之交臂。

4.5 建设组织的数字资产体系

在数字经济时代，数字资产将成为企业的核心资产之一，如何建设有竞争力的数字资产体系呢？可以从以下五方面展开工作。

一、明确责权利标，有效推进管理

组织管理是数据资产管理成功的重要因素之一，需要我们分清权利和责任，大力培养管理型人才和技术型人才。同时，要注意数据的标准化，从而保证信息系统的秩序和数据的一致性。数据标准是数据资产管理的基础，是对数据资产进行准确定义的过程。数据标准化是每个企业都要做的一件事情，它有助于企业实现数据资产交易。标准化可以帮助企业解决数据的关联问题，保证信息的交流和互动，保障信息体系的秩序，帮助企业有效地运用数据，让数据成为增加企业利润的重要组成部分。实现数据的标准化也需要管理和技术两方面协同行动。

二、合理引进技术，提升治理能力

人工智能、物联网、新一代移动通信、智能制造、空天一体化网络、量子计算、机器学习、深度学习、图像处理、自然语言处理、4K高清、知识图谱、类脑计算、区块链、虚拟现实、增强现实等前沿技术正在大数据的推动下蓬勃发展。然而，在实现数据资产管理的过程中，应根据自身实际情况，避免盲从，合理引进创新技术以提高数据挖掘的效率和准确性，节省人力成本。在万物数字化的信息时代，企业拥有数据的规模、活性以及收集、运用数据的能力，决定了其核心竞争力。掌控数据，就可以支配市场，也意味着巨大的投资回报，因此，数据是企业的核心资产。数据在实现价值的过程中需要充分依托技术，但更离不开结合自身业务与应用的合理规划。大数据和云计算的建立与开放至关重要，可以帮助企业梳理数据内容，高效检索展示，最终给企业带来一定的经济收益和社会效益。但其应用的成功与否还是要取决于企业自身商业模式的建立，以数据融合技术为战略资产的商业模式，可以决定企业的未来。

三、着眼业务应用，释放数据价值

数据资产化进程给各类企业带来重生、颠覆和创新，企业应顺势而为，建立起符合自身业务和数据特点的数据资产化体系和能力，数据资产管理人员应该紧密联系业务和数据资产管理工作。只有明确了前端业务需求，才能做到数据资产管理过程中的有的放矢，张弛有度。数据资产管理能够使管理流程化、规范化，结合业务应用的数据资产管理不仅使数据保值增值，还将给企业带来更加巨大的经济收益和社会效益。

四、加强数据合规，注重风险风控

在数据资产管理过程中，综合考虑当前的困难及挑战，并全面管控风险，要基于行业模型、行业标准等积累完整、准确的内外部数据以保证数据的合规性，进而规避风险。数据资产管理是一项持之以恒的工作，不可能一蹴而就，需要一个循序渐进的过程并分阶段进行。要做好充分的长期作战的准备，随时应对可能出现的安全漏洞和风险，同时操作数据要合规。

五、持续迭代完善，形成良性闭环

一步到位地建立一套完善的数据资产管理体系是很困难的，主要原因是，业务需求会随着市场环境而不断变化，技术手段也在不断革新，因此，数据资产管理体系不是一劳永逸、一蹴而就的，需要建立一个小步迭代的数据资产管理循环模式。在管理制度层面，需要制定有利于业务人员、技术人员积极为数据资产管理体系的完善建言献策的制度，进而促使数据资产管理体系在实践中日趋成熟；在技术平台方面，要借鉴 DevOps 的理念，促进开发、技术运营和质量保障部门之间的沟通、协作与整合，来保证数据资产管理体系的健康持续发展。

第 5 章 技术创新：数字经济的核心驱动力

5.1 云计算：数字经济的核心技术基础设施

云计算（Cloud Computing）是数字经济的核心技术基础设施，可以按需、弹性地为组织和个人提供信息传输、存储和处理等计算服务。云计算是分布式计算的一种，它将计算资源、存储资源和网络资源有效组织成一个弹性的、可扩展的资源池，用户根据业务的需要，像水、煤、电一样从云上申请所需的资源即可。

现阶段所说的云服务已经不单单是一种简单的分布式计算系统，而是分布式计算、效用计算、负载均衡、并行计算、网络存储、热备份冗杂和虚拟化等计算机技术混合演进的结果。

"云"实质上就是一个网络，狭义上讲，云计算就是一种提供资源的网络，使用者可以随时获取"云"上的资源，按需求量使用，并且其资源可以看成是无限扩展的，只要按使用量付费就可以。"云"就像自来水厂一样，我们可以随时接水，并且不限量，按照自己家的用水量，付费给自来水厂就可以。

广义上，云计算是与信息技术、软件、互联网相关的一种服务，这种计算资源共享池叫作"云",云计算把许多计算资源集合起来,通过软件实现自动化管理,只需要很少的人参与,就能让资源快速被收集。也就是说,计算能力作为一种商品,可以在互联网上流通,就像水、电、煤气一样可以方便地取用,具有价格较为低廉、服务更加便捷、运行更加稳定、数据更加安全等特点。

综上所述,云计算并不是一种网络技术,而是指一种应用概念,它以互联网为中心,为用户提供安全、快速的服务和数据存储,是一种能使用户充分利用庞大的网络数据的概念。

云计算的出现是信息时代的互联网技术迈出的一大步,未来的时代将是云计算的时代。云计算的基本含义是指个人用户可以在不受时间和空间的限制下,在网络上获取大量的经过计算机整合的数据信息,这使得用户得到一种全新的体验。

云计算的出现,加速了数字经济产业的发展,尤其对于中小企业的数字化转型起到了巨大的推动作用。

近年来,我国云计算产业快速推进,多个城市开展了试点和示范项目,涉及电网、交通、物流、智能家居、节能环保、工业自动控制、医疗卫生、精细农牧业、金融服务业、公共安全等多个方面,部分试点已经取得显著的成果,相信在不远的将来将产生巨大的应用市场。

根据中国信息通信研究院的数据,2021 年我国云计算整体市场规模已突破 3 千亿元,同比增长约 54.4%。其中,公有云市场规模达到约 2.2 千亿元。

根据中国信息通信研究院预测,2023 年,中国云计算市场整体规模将达到约 3.75 千亿元。在此基础上,到 2025 年中国云计算整体市场规模将达到 5.9 千亿元左右。

云计算正成为推动数字经济发展的重要驱动力,为各行各业提供了丰富的云工具和云服务,大幅降低了创新投入成本和企业数字化转型升级的门槛,催生了各领域大数据的创新应用,增强了数字经济发展数据资源的驱动能力,促进了政务信息开放、数字经济治理和公共服务体系的不断优化。

(一)视频领域。

各大云服务商将"云边协同"模式在视频云产品中落地实践,通过产品化的 SDK、遍布全国的边缘计算节点以及强大的云端处理能力,为视频行业客户提供包含"采集—预处理—编码封装—边缘推流—云端处理—边缘分发—播放"的端到端一站式解决方案,垂直行业覆盖游戏文娱、在线教育、新闻媒体、零售电商等各领域。

(二)游戏领域。

"云边协同+游戏"使得近年大热的 AR、VR 以及云游戏变得更加容易落地实践。一方面,通过云边协同可以根据不同场景的需求分别在近用户的边缘侧和云端进行游戏画面渲染计算,减少由于高延时和低刷新率造成的头晕等不适应感,实现完整的 AR、VR 体验。另一方面,对于大规模多人在线游戏而言,通过云边协同可以基于位置匹配玩家,使得同一地域玩家可以就近通过同一个边缘节点进行连接,降低游戏互动时延。

(三)工业领域。

工业现场的边缘计算节点具备一定的计算能力,能够自主判断并解决问题,及时检测异常情况,更好地实现预测性监控,提升工厂运行效率的同时也能预防设备故障问题,还可以将处理后的数据上传到云端进行存储、管理和态势感知。同时,云端也负责对数据传输监控和边缘设备使用进行管理。中心云与边缘云在资源管理、远程控制、安全管理、运维监控等方面协同运作,保证现场接入设备能够快速、准确、方便地进行相关生产操作,同时预防设备及产品故障,加强数字化建模与实体映射的可靠性,真正实现数字化生产。

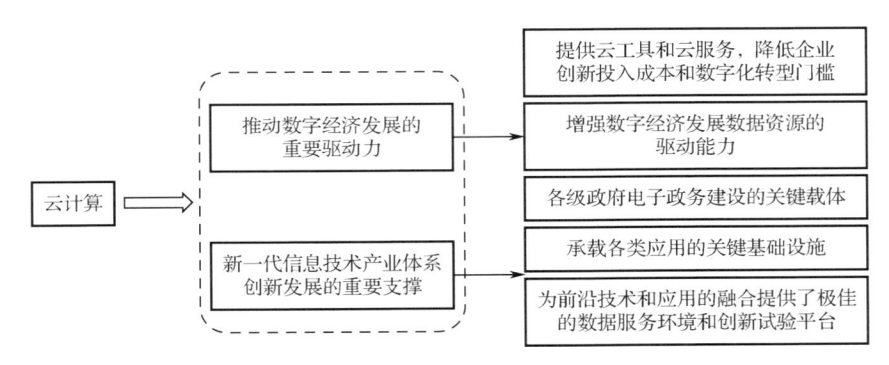

```
                    ┌─────────────────────────────────┐
                    │   提供云工具和云服务，降低企业  │
                    │   创新投入成本和数字化转型门槛  │
          ┌──────────────────┐ ├─────────────────────────────────┤
          │ 推动数字经济发展的│→│ 增强数字经济发展数据资源的      │
          │   重要驱动力     │ │   驱动能力                      │
 云计算 →  ├──────────────────┤ ├─────────────────────────────────┤
          │                  │ │ 各级政府电子政务建设的关键载体  │
          │ 新一代信息技术产业│ ├─────────────────────────────────┤
          │体系创新发展的重要│→│ 承载各类应用的关键基础设施      │
          │   支撑           │ ├─────────────────────────────────┤
          └──────────────────┘ │ 为前沿技术和应用的融合提供了极佳│
                               │ 的数据服务环境和创新试验平台    │
                               └─────────────────────────────────┘
```

云计算成为推动数字经济发展的重要驱动力

5.2 大数据和工人智能：数字经济的大脑

中国大数据产业发展受宏观政策环境、技术进步与升级、数字应用普及渗透等众多利好因素的影响，市场需求和相关技术进步成为大数据产业持续高速增长的最主要动力，2022年中国大数据产业规模达到1.57万亿元。

根据大数据产业生态联盟联合赛迪研究院发布的《2020中国大数据产业发展白皮书》，预计到2025年，中国大数据产业整体市场规模将达到17568亿元左右（参见下图），目前看来，这个预测还是太保守了一点。

大数据是数字经济的关键生产要素。通过数据资源的有效利用以及开放的数据生态体系，使得数字价值充分释放，驱动传统产业的数字化转型升级和新业态的培育发展，大数据在与各领域融合发展的过程中，催生出了许多新型的业务形态。

（一）制造业领域。

可以利用大数据提供对制造业企业生产进行评价和改进的服务，包括产品故障诊断与预测、分析工艺流程、改进生产工艺、优化生产过程能耗、工业供应链分析与优化、生产计划与排程。

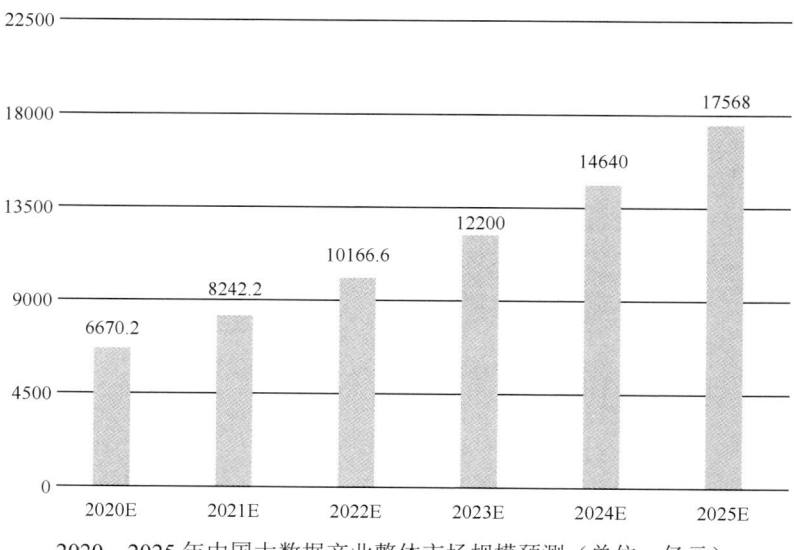

2020—2025年中国大数据产业整体市场规模预测（单位：亿元）

年份	规模
2020E	6670.2
2021E	8242.2
2022E	10166.6
2023E	12200
2024E	14640
2025E	17568

资料来源：大数据产业生态联盟、赛迪研究院

（二）金融领域。

可以利用大数据对高频交易、社交情绪以及信贷风险进行分析，从而衍生出基于大数据分析的金融创新服务。

（三）农业生产领域。

大数据将与农业生产、经营、管理和服务全产业链融合，为传统农业提质增效提供现代化的解决方案，催生出了智能无人机植保系统、农情大数据监测系统、智能农机系统等新型业态（参见下图）。

细分领域	催生新业态
制造业	利用大数据提供对制造业企业生产进行评价和改进的服务，包括产品故障诊断与预测、分析工艺流程、改进生产工艺、优化生产过程能耗、工业供应链分析与优化、生产计划与排程
金融	利用大数据对高频交易、社交情绪以及信贷风险进行分析，从而衍生出基于大数据分析的金融创新服务
农业生产	智能无人机植保系统、农情大数据监测系统、智能农机系统等

大数据衍生出的新业态

资料来源：前瞻产业研究院

来自国际数据公司（IDC）和数据存储公司希捷的一份报告显示，到 2025 年，随着中国推进物联网等新技术，其产生的数据将超过美国。希捷的一项研究发现，中国创造和复制的数据将以每年 3%的速度超过全球平均水平。该报告称，2018 年，中国共产生 7.6 ZB 数据，预计到 2025 年，这个数字将增长到 486 ZB。

与此同时，美国去年产生的数据约为 6.9ZB。到 2025 年，这个数字预计将达到 30.6ZB。因为信息逐渐被视为全球经济依赖的"货币"，所以说拥有海量数据就显得很重要。IDC 分析师在报告中提到，数据是数字世界的核心，我们正日益成为一个信息经济社会。

虽然企业因为可以获取客户更多的信息数据而感到高兴，但也有人对这些信息的使用方式提出了担忧。从社交媒体和其他免费服务中收集的数据经常被广告商用来针对特定人群。

Mozilla 基金会的技术政策研究员 Ayden Ferdeline 在接受 CNBC 采访时表示："我们的个人信息正成为针对我们的武器。"

他说，如果广告商能识别出养猫的用户，那么向这些用户推送猫粮广告受到排斥的可能性就很小。但是，当一个广告商把目标对准那些对自己的外表没有足够自信的人，向他们展示未经医学委员会批准的整容手术或减肥药的广告时，这就变得很冒犯甚至是有点"危险"了。

伦敦政治咨询企业剑桥分析公司（Cambridge Analytica）被曝不当收集多达 8700 万份的 Facebook 个人资料数据，Facebook 因此受到广泛批评。

更令人担忧的是，大型科技公司正在收集用户数据，这些数据被用来建立用户模型，预测他们将如何表现或回应某些广告和其他消息。

5.3 区块链技术：数字经济的信用底座

区块链作为一种技术发展趋势，其热度始终有增无减。此前人们普遍认为，金融服务业——因其对交易记录或"时间戳"的高度重视，将最早与区块链技术完成深度融合，然而，区块链的"落地"速度及广度已大大超出人们的想象，这种技术凭借其在数据移动跟踪方面的优势，目前应用领域已横跨贸易、供应链、物流等行业。

未来，区块链发展将呈现以下五个趋势。

一、企业级区块链应用将持续走强

企业级区块链，也被称为私有区块链或许可区块链，相比于去中心化的比特币及其他加密货币，企业级区块链完全被其所有者进行了中心化掌控和部署。

比特币价格的飞涨或许使人们忽略了区块链技术在行业应用方面的价值——从生物制药、金融服务到矿石开采，许多行业的参与者都在投身区块链应用技术的研发并期望这种技术能够帮助其提高管理效率、降低运营成本。

据称，2019年全球企业在区块链方面的投入约为27亿美元，到2023年，这一数值预计将到达160亿美元。

二、NFT（非同质化通证）的兴起

目前，NFT无疑是一个热门话题，而且普遍认为其热度还会持续上升。NFT代表不可替代的代币——本质上是存储于区块链上的数字资产（图片、音乐、代码、合同），它的独特性使其具有相当大的价值。

在短期内，这为一些勤奋的"生产者"创造了新的盈利方式。例如，音乐家Grimes以660万美元的价格将艺术品作为NFT出售；美国NBA协会通过发售 NFT 形式的球星卡赚取了 2.3 亿美元。

三、BaaS（区块链即服务）继续保持高速发展

目前，包括亚马逊、IBM 和微软在内的行业巨头都在致力于向用户提供集成开发工具和平台，使企业用户在没有基础设施的情况下充分利用区块链技术。

除了价值记录及其安全存储之外，区块链技术应用的前沿——以太坊网络和开源区块链分布式账本（Hyperledger Fabric）还允许在其内创建"智能合约"——一旦操作满足条件，则自动执行合约。其具体使用场景包括，在条件被满足时自动从托管系统转移资金或在项目完成签署时自动付款。针对那些不可能花费数年时间开发基础架构的组织，基于云平台的 BaaS 技术可以令其以最简便、高效的方式创建所需要的区块链环境。

四、区块链专业人才升值

与包括 AI 在内的其他类型的新兴技术一样，区块链也会遭遇因人才短缺而形成的发展瓶颈。从目前的情况看，当前区块链专业技术人员远远无法满足该领域的发展与运营需求。随着越来越多的项目在近些年大量落地，区块链人才市场必将成为"卖方市场"。

五、稳定币价值突显

加密货币市场依旧疯狂，这在一定程度上制约了其在传统金融服务体系内的应用，因为后者对货币币值的相对稳定性和长期实用性具有较高的需求。正因为如此，近年来，稳定币的概念日益普及，这些稳定币与相应国家的法币挂钩，为加密货币投资者提供了一定的"庇护所"。的确，稳定币似乎不像加密货币那样"有利可图"，但前者提供了实实在在的稳定性，而这对于可用作价值存储和交换媒介的货币来说至关重要。

5.4 5G：数字经济的中枢神经

5G 的迅速发展带动了相关产业的发展，促进了经济社会的进步，而伴随着 5G 赋能垂直行业领域的增多，行业对 5G 的需求又反过来推动了 5G 的发展。目前，5G 广泛应用于各行各业，呈现出以下六种态势。

一、5G 网络持续、稳步、快速发展

自 2020 年起，5G 成为我国"新基建"战略的重要内容，自此，5G 的发展成为社会关注的焦点。在"新基建"政策的推动下，我国网络迅速发展，带动了相关产业的发展，促进了经济社会的进步。根据工业和信息化部发布的数据，截至 2022 年年底，我国已经建成 231.2 万个 5G 基站，移动电话用户规模为 16.83 亿户。与此同时，互联网的迅速发展也带动垂直行业的发展，例如 5G+智慧工厂、5G+智慧医疗、5G+智慧教育等。可以预见，未来 5G 的发展势头依然强劲，To C（面向个体用户）应用将呈现规模性增长，To B（面向企业用户）应用也将陆续成熟，并逐步落地商用。

二、5G 垂直行业融合应用生态加速构建并逐步落地商用

"人与人""人与物""物与物"之间信息智联的实现是 5G 网络的发展目标。自 2020 年起，政府开始大力推动发展 5G 的应用和创新，这使得 5G 开始应用于更多行业，例如，交通、医疗、能源等，极大便利了人们的生产和生活。与此同时，虽然 5G 网络在中国迅速发展，5G 信号甚至覆盖了珠穆朗玛峰，但是目前 5G 的应用领域还很狭窄，主要集中在超高清视频传输、AR/VR 等方面，此外，5G 应用的商业模式也存在一些问题，需要进一步研究。所以，可以预见的是，为了充分发挥 5G 的价值，产业界必将加速构建 5G 行业生态，丰富并深化 5G 与垂直行业的融合应用，逐步推动 5G 在工业互联网、教育、医疗、智慧

城市等领域的落地商用。

三、5G 技术持续演进

随着"新基建"建设的不断发展，5G 逐步应用于各个领域，垂直行业也对 5G 提出了更高的要求，在这种情况下，就需要 5G 技术的不断创新和持续演进来保证技术支持。

满足大上行需求——5G 的广泛应用使得各行各业对网络的速率提出更高的需求，当前的速率水平已经达不到一些垂直行业的大上行需求。5G 目前面临着上行速率严重受限的问题，这就迫切需要改进 5G 技术，提高上行业务速率。

满足低时延需求——伴随着 5G 网络的普及，5G 的网络延时将成为 5G 发展的一个大问题，网络延时将影响人们使用网络的舒适度，影响企业的盈利能力。为应对网络延时，可以引进 URLLC 等技术为用户和企业提供多样化的业务服务，这在解决网络延时问题的同时也提高了网络可分级、可管可控的能力。

满足室内大容量需求——5G 的迅速发展使得网络覆盖面积剧增，在 5G 覆盖下的网络业务也会迅速增长，预测未来将会有 80%的业务发生在室内。按照传统的扩容方式来扩容室内业务，小区域的微站网络可能会产生一些干扰，影响扩容效果。为满足室内大容量的需求，可以考虑采用分布式 Massive MIMO 或毫米波等 5G 增强技术，从而为 To C 用户带来更佳的业务体验，为 To B 行业提供更优质的网络。

四、5G 泛终端全面发展，成本更低

2020 年，中国的 5G 网络开始迅速建设，到目前，5G 的产品类型和形态逐渐丰富。根据 GSA（美国总务管理局）统计显示，截至 2022 年 4 月，全球 5G 商用终端型号已超千款，其中包括 677 款智能手机、213 款 5G CPE、174 款 5G 模组、85 款工业或企业路由器、调制解调器或热点、8 款 USB 终端、加密狗或

调制解调器，52 款其他设备（包括无人机、头戴式显示器、机器人等）。随着 5G 模组向通用化、模块化发展，5G 泛终端必将全面提速与发展。此外，中国信息通信研究院（信通院）发布的统计数据显示，2022 年国内市场 5G 手机出货量已达 2.14 亿万部，未来几年，随着 5G 泛终端的全面发展与规模放量，必然带动 5G 终端的价格逐步下降。

五、5G"云—网—边—端—业"融合深化

5G 网络逐渐由面向个人用户扩展到面向各行各业，5G 赋能的垂直行业数字化进程也在不断进步，这就对 5G 提出了更高的要求。云网融合是指将云服务和 5G 网络相结合，依托 5G 网络的高速度、低延迟、广连接的特点，满足不同行业的不同需求。云网融合也将成为电信行业转型的方向。边缘计算技术是 5G 发展过程中不可缺少的一部分，未来的 5G 网络必将深化"云—网—边—端—业"五位一体化融合，从而更好地兼顾 To C 和 To B 用户的需求，满足个人用户以及各行业的需求，促进数据转型升级，加快数字化行业的发展。

六、5G 共建共享将逐步形成示范

随着 5G 网络的发展，数字经济将成为国家经济的重要组成部分，再加上 5G 网络的不断创新以及和各行各业的相互融合发展，5G 共建共享将成为提高个人用户使用体验和商业盈利效率的重要手段。截至目前，我国的 5G 基站已经超过 230 万个，预计未来将会进一步发展，"5G 共建共享"也必将形成示范及标杆，向产业释放更多的红利，为数字经济发展贡献宝贵的方案，并向全球提供 5G 建设的"中国经验"和"中国方案"。

6G，即第六代移动通信标准，目前还是一个概念性的无线网络移动通信技术，也被称为第六代移动通信技术，主要促进的就是互联网的发展。

6G 网络将是一个地面无线与卫星通信集成的全连接世界。通过将卫星通信整合到 6G 移动通信，实现全球无缝覆盖，网络信号能够抵达任何一个偏远的乡村，让山区深处的病人能接受远程医疗，让孩子们能接受远程教育。此外，在全球卫星定位系统、电信卫星系统、地球图像卫星系统和6G地面网络的联动支持下，地空全覆盖网络还能帮助人类预测天气、快速应对自然灾害等。这就是6G的未来。6G通信技术不再是简单的网络容量和传输速率的突破，它更是为了缩小数字鸿沟，实现万物互联这个"终极目标"，这便是6G的意义。

6G的数据传输速率可能达到5G的50倍，时延缩短到5G的1/10，在峰值速率、时延、流量密度、连接数密度、移动性、频谱效率、定位能力等方面远优于5G。

5.5 物联网：数字经济的"五官"

物联网是"工业4.0"最具吸引力的成果之一。物联网也被称为连接技术，自问世以来，人们对它的需求一直很高。年复一年，越来越多的设备进入互联阵列。物联网技术已发展到一定程度，几乎所有的垂直行业都在使用它来实现业务自动化或修订工作流程。

当前，物联网并不仅仅是以"单击移动端应用程序点亮一个智能水壶或灯"而告终，而是人们周围有各种各样支持物联网的小工具，例如，智能玩具、可穿戴设备、电视、扬声器、健身追踪器、智能门锁、商业安全系统等。

物联网可以通过减少人为错误来提高生产力。因此，越来越多的公司正在寻求使用该技术来实现业绩增长。对于那些寻求与众不同并希望走上成功之路的企业而言，对技术进行投资并给予优先考虑就变得很重要。那么，未来会发生物联网革命吗？让我们来讨论未来将占据主导地位的一些最佳物联网趋势！

物联网的概念将进一步发展，以探索其在各个领域的应用。对物联网趋势的最大预测之一是，零售、供应链和医疗保健行业将可能实现最佳增长。零售业将通过物联网与人工智能等技术的结合来提升客户体验。

物联网在医疗行业中应用广泛，例如帮助远程定位的患者与护士和医生进行联系。智能手表和其他可穿戴设备的结合也将得到发展。在全球范围内，有不少人都会说两种语言。但是，对于虚拟助手而言，情况并非如此，因为它们只能用一种语言实现搜索。目前，Google 已经开发了第一个多语言语音助手，即"Google 智能助理"。

让我们接受一个令人惊讶但真实的事实，那就是英语不是全球应用最多的口语。中文普通话在全球各个地区都被广泛使用，它在大多数口语中名列第一，而西班牙语排名第二。由于包含多种语言，对语音助手的支持可能会有点复杂，但这是必需的。为了获得最大的好处，需要对语音助手添加多语言或双语支持。

如今可穿戴设备已经发生了很大的变化。它们变得更小、更复杂、更坚固、更轻。除了腕带，这些设备还在寻找新的发展，以使其看起来更有吸引力。目前，你可以使用小型设备监控自己的健康状况，并在智能手机屏幕上接收通知。为了在激烈的市场竞争中生存下来，日常可用性和创新设备之间应该保持一个理想的平衡。

数字银行标准的延伸和电子商务的快速发展，极大地促进了当前多选择性的数字支付方式的形成。移动钱包的使用正在世界各地流行起来，人们甚至将其视为默认的支付选择。通过将支付网关与 ApplePay 移动钱包程序集成在一起，苹果公司的开发人员使支付处理变得更快、更简单。这个钱包是安全的，减少了用户保存数据的需求。苹果公司已经开始在其客户中推广 P2P 网关网络。

在这个革命性的时代，事物将随着光速时代的到来和电信技术的发展而发生变化，网络行业也不例外。下一代宽带连接必将取代或改善当前的 4G LTE 连接。未来十年，更高的速度、更好的带宽和更少的等待时间将揭示物联网在电信行业中的更多可能性。5G 的普及和 6G 的推出将在很大程度上改变我们与技术互动的方式。

传感器是实惠、有用的技术，可以控制从起搏器到汽车液位等的一切东西。它们也可以追踪我们的宠物。由于技术在不断发展，传感器的创新也出现在不同的行业，如健康、食品、零售、酒店和医药等。此外，它还允许实时、远程安全监测和传感，并提供完整的观测报告。一个健身腕带或手表几乎可以追踪一切，毫无疑问，传感器的创新使人们的生活变得更容易管理，更简单便捷。

我们已经知道物联网有助于连接一系列设备，而这些设备反过来又共享大量数据。目前，只要提供完整数量的联网设备，我们就可以很容易地将这些信息作为一个整体来表述，从而改变公司的整体决策程序。然而，通过物联网设备收集的数据无法预测行为。为了实现这一点，技术极客和科学家们正在使用人工智能技术，将基于物联网的系统与人工智能相集成，为它们提供训练模型的能力，使它们变得更聪明，做出更优选的决策。

第6章 新商业模式：数字经济可持续发展之路

6.1 数字产业化

数字产业化是以数据和信息作为加工对象，以现代信息技术作为加工手段，以软件、智能硬件、智慧服务等作为主要产品的现代产业形态，是数字经济的基础产业，具体包括电子信息制造业、信息通信业、软件和信息技术服务业、互联网行业等。

数字产业化强调围绕数据要素本身所开展的系列商业化开发与市场化交易活动。新一代数字技术的发展，不断提高数据的采集、存储和分析能力，数据在经济价值创造活动中发挥着越来越重要的作用，甚至超越传统劳动、土地、石油等要素而成为具有基础性和战略性意义或地位的生产要素。国家关于"加快培育数据要素市场""提升社会数据资源价值"的政策意见，更为积极推进数字产业化，构建针对数据要素的数字价值链注入了"强心剂"。

围绕数字价值链所包含的数据生成、数据采集、数据存储、数据分析和数据应用等数据增值环节，衍生出了数据设备制造、数据服务、数据产品和数据应用等战略性新兴数字业态。因此，加快构建数字价值链，亟须推进数字产业化，培育相配套的数字产业，保证数据增值环节的畅通，从而实现数据的商品化或市场价值。为此，应统筹建设数据标准体系，为数据的连接、传输、共享与高效应用提供保障。积极完善数据要素的市场化配置机制，推动数据要素能够合理定价、自由转移、共享增值。全方位加强对战略性新兴数字产业的政策扶持，为数字价值链的构建与完善提供支撑力量。

6.2 产业数字化

产业数字化强调利用工业互联网、人工智能以及大数据分析等数字技术对传统产业进行数据化、网络化与智能化改造，推动传统产业价值创造，实现提质、降本与增效。

习近平总书记强调，要站在统筹中华民族伟大复兴战略全局和世界百年未有之大变局的高度，统筹国内国际两个大局，发展安全两件大事，充分发挥海量数据和丰富应用场景优势，促进数字技术与实体经济深度融合，赋能传统产业转型升级，催生新产业新业态新模式，不断做强做优做大我国数字经济。这为积极推进产业数字化，对构建针对价值实现环节的数字价值链提出了迫切性要求。在产业数字化的价值活动中，数字价值链是指数据沿着研发设计、生产制造、营销服务等价值实现环节流动，通过驱动价值工具、模式或逻辑发生创新升级变化，以实现价值优创的过程。

（一）在研发设计方面，基于历史经验数据的应用分析可以提高研发效率，降低研发成本。通过用户画像数据的收集分析可以提升研发活动的精准度，降低研发风险。

（二）在生产制造方面，基于流程工序运营数据的实时分析可以科学有效地进行资源调度与任务排程。

（三）在营销服务方面，基于产品使用数据的监控分析，可提供远程监控、预防性维护等服务。

因此，产业数字化与数字价值链是一体两面的关系，正是随着数字化价值实现环节的逐步递进，数据才能不断流动，并与其他生产要素结合共同创造出经济价值。为此，应加快推进产业数字化，为海量数据和丰富应用场景优势的发挥提供空间，持续引导不断出现的新业态、新模式健康发展。加强对行业龙头企业数字化转型的支持，通过数字化转型试点示范引导中小企业形成清晰的数字化转型规划路线。加大以数据驱动为导向的创新与应用，打通产业价值创造中的数据孤岛，在数据的流动与连接中推动数字价值链构建。

产业数字化中的研发设计、生产制造、营销服务等价值实现环节都涉及数据的生成、采集、存储、分析与应用。因此，数字产业化与产业数字化进程中各自涌现出的数字价值链相辅相成，协同发展。一方面，数字价值实现环节中持续产生的数据要素治理需求，不断推动数字产业做强做大；另一方面，数据要素增值作用为数字价值实现环节提供数据驱动力，在优化、创新或升级价值创造过程的同时，数据的跨界共享、交互与连接进一步促进产业间联动发展，打造出充满无限价值可能的产业数字生态。为此，应积极推进融合数字价值链功能的产业互联网平台建设，架构起产业数字化与数字产业化之间的桥梁，既为产业数字化建构坚实的数据治理底座，又为数字产业化提供数据要素增值作用发挥的空间；并推动产业基础设施数字化互联互通，通过充分发挥平台型企业的网络聚集优势，营造产业联动的价值活动场域，打通时空限制，助力数字链延伸。

产业数字化存在的意义在于，使大量数据、模型、决策信息平台化汇聚、在线化调用、系统之间实现互联互通操作，实现了业务系统的功能重用、快速迭代、敏捷开发、高效交付和按需交付。

6.3 产业互联网

产业互联网是指利用互联网连接企业间的货物流动，促进产业链和供应链之间的有效合作。包括 B2B 电子商务平台、供应链金融平台和在线货运平台等平台业态。

产业互联网是在消费互联网的基础上提出的，利用大数据、人工智能、云计算、区块链、智能家电等先进技术，为传统农业、交通、通信等各行各业赋能。产业互联网的目的是实现公司内部和全产业链（研发、贸易、融资等）的网络化，提高效率，降低成本，优化上下游资源配置，重新设计公司和行业的核心竞争力，从而实现互联网的转型和现代化。

产业互联网与产业数字化具有协同作用的特点。产业互联网通过各种数字技术为工业提供服务，产业数字化可以推动企业数字化进程，保障企业快速稳定发展。因此，产业数字化是过程和目标，产业互联网是手段和起点。

6.4 数字人民币

数字人民币，按照国际惯例，简称"e-CNY"，是中国人民银行发行的法定货币的数字形式，具有价值和合法奖励的特点，支持可控匿名。

数字人民币的概念有两个重点：一方面，数字人民币是数字形式的中国法定货币；另一方面，数字人民币代表纸币和硬币，数字人民币主要定位于 M0（即现金和流通中的硬币）。

一、法定货币

由中国人民银行发行的数字人民币，是一种具有国家信用审批和法定偿付能力的法定货币。

与比特币等虚拟货币相比，数字人民币是法定货币，符合法定货币的特征，有较高的安全性。

二、以广义账户体系为基础

从目前的数字货币体系来看，账户要有能代表个人身份的东西进行创建。比如车牌号可以变成数字钱包，在高速收费站或者停车场进行账户支付。这是一般货币系统的概念。

银行业务是一个非常严格的过程，通常需要提交大量文件和个人信息才能开设银行账户。

三、支持银行账户松耦合

支持银行账户松耦合意味着不需要开通银行账户也能开通数字人民币钱包。

对于生活在农村或偏远山区的人，以及无法去银行的出国旅行的人，他们可以享受数字钱包中的金融服务资金，这是普惠金融成功所必需的。

四、其他个性设计

数字人民币的其他个性设计有以下几点。

第一，双离线支付。像纸币一样实现通信信号较弱或没有信号的场景下的电子支付。

第二，更高的安全性。数字人民币可以提供实名钱包被盗等情况下的挂失功能。

第三，多终端的可能性。不想或不能使用智能手机的人可以选择 IC 卡、功能手机或其他硬件。

第四，点对点支付。通过智能合约可以实现固定点对点的交付。民生资金可以分发到群众的数字钱包中，杜绝了虚报、拦截、挪用的可能。

第五，可追溯性高。当按照严格的程序签发相关法律文件时，会对数据进行适当的验证和交叉比较，以提供打击犯罪的信息，使腐败分子难逃监管。

6.5　XaaS：一切皆服务

一切皆服务（XaaS）是一个统称，代表"X as a Service"、XaaS 不仅代表现场支付服务，还用来表示通过互联网提供服务。云计算的本质就是 XaaS。

XaaS 最常见的例子是软件即服务、基础设施即服务和平台即服务。这三者一起使用，有时被称为 SPI 模型。

XaaS 是描述与云计算和远程访问相关的广泛服务类别的术语。借助云计算技术，供应商可以通过 Web 或类似网络为公司提供不同类型的服务。这个想法始于软件即服务（SaaS），由云提供商提供单独的软件应用程序。

XaaS 和其他云服务背后的核心理念是，企业可以通过在订阅的基础上从提供商处购买服务来削减成本并获得特定种类的个人资源。在 XaaS 和云服务出现之前，企业通常不得不购买许可的软件产品并在现场安装，必须购买硬件并将其链接在一起以创建扩展的网络。同时，必须在现场完成所有的安全工作，也必须为所有业务流程提供昂贵的服务器设置和其他基础架构。

相比之下，通过 XaaS，企业只需要购买他们所需要的东西，并在需要时为其付费。这允许企业随着时间的推移大幅改变服务模型。通过使用多租户的方法，云服务提供了很大的灵活性。资源池和快速弹性等概念支持这些服务，业务负责人可以根据需要简单地添加或减少服务。XaaS 服务通常由服务级别协议（SLA）管理，其中客户端要与供应商紧密合作以了解如何提供服务。

目前，各类 XaaS 服务模式风生水起，从最基础的 IaaS、PaaS、SaaS 派生出很多其他类型，且在不断演化过程中，它们构成了当代数据计算和存储商业模式的新范式。除了基础设施和技术日趋完善的因素外，这个趋势既有来自供给需求双方的商业驱动因素，也有背后深层次的经济社会变迁动力。

6.5.1 需求因素：计算规模、订阅模式与用户心智

计算规模富有弹性的急剧增长从根本上推动了云计算及 XaaS 的产生。随着移动互联网、物联网以及各种终端数据采集设备的发展，当代社会经历着数据量的爆炸式增长和内容的高维度扩张。据估计，每天都有 $2.5×10^9$ GB 的数据产生，2020 年全球数据量达到了 60 ZB，超出了预计的 40 ZB；2019 年全球大数据市场规模达到 500 亿美元，而有关机构预测 2026 年这一数据将超过 3600 亿美元。海量数据增长带来了海量的计算需求，自建、自营计算基础设施难以跟上需求拓展的要求，分散运营也难以体现集中计算存储的社会规模经济。另一方面，数据计算的时间弹性和内容多样性需求又决定了固定容量计算设施的不经济性。云计算因其资源共享、随时接入、弹性扩展成为了大数据时代的理想数据计算与存储范式，于是带动起建立在云平台基础上的各类按需求规模、种类使用的计算、存储、开发、应用服务。使用者不必再担心消耗的计算服务资源是否浪费或者不足。

订阅模式有助于节约用户使用资本，使用户按需付费，特别适合中小企业。正是由于计算资源需求的快速增长、富有弹性和多样性，用户购买处理能力有限的资源会显得不足，购买能力富余的资源则又显得浪费且运维成本较高。而且，日益进步的技术和开放的外部世界让任何一家企业都难以单纯通过购买相

对独立的技术可选项短期内固定的计算资源来适应商业需求。转换成订阅（Subscription）模式后，用户不必一次性投入大量成本来配置资源，只需按自己的需求选择性地在一定时间内订阅所需要的服务，在订阅期间还可以随时修改订阅菜单，甚至开发产品和供应商切换的成本也很低。以相对较低的成本换取更灵活、更多样、迭代更快且质量有保障的资源，这对于资金并不充裕的中小企业尤其具有吸引力。此外，在订阅模式下，用户能从持续的服务关系中获得不间断的质量保证、持续的性能提升和细致化的个性服务。

XaaS 将用户心智或注意力从不擅长的下层系统中解放出来，使用户专注于擅长的上层界面，实现合理的社会分工。XaaS 的本质是将下层较为困难复杂、用户并不熟悉的"X"抽象为覆盖在上层的服务。这产生了两个益处：第一，通过更容易让用户接触上手、贴近用户的过程（Process）来替代固化的、与用户分离的产品（Product），从而增加用户的黏性；第二，让用户集中稀缺的注意力资源，专注在合适的层面上，优化自身的产品或服务，同时也让产业链实现合理的社会分工。

6.5.2　供给因素：财务表现、市场策略与竞合边界

XaaS 模式使供应商既平滑了收入，又取得了规模经济，使其财务表现更为健康可持续。与传统一次性出售软硬件、让用户在本地部署（On-premise）不同，XaaS 采用了订阅模式，这给其财务状况带来了两方面的影响。其一，传统硬件厂商一次性出售硬件、软件厂商一次性出售使用许可，都是一笔确认"产品"的营业收入；然而 XaaS 供应商提供的是基于产品的"服务"，向客户按时间和使用量收费，确认营业收入，于是营业收入就从单笔大额转变为持续性的多笔小额，得到充分平滑。平滑收入虽然会使得企业在短期内无法获得利润甚至表现出亏损——因为要将覆盖成本的收入分摊到多期实现，但供应商平滑的"年可重复收入（Annual Recurring Revenue, ARR）"避免了财务的起伏，使企业

具备较为稳定可期的经营性现金流。而且，供应商往往会跟客户签订一段时间的合约，先预收一笔年费，逐月确认收入，相当于形成"递延收入"，订了合同但尚未收到的款项叫作"未入账递延收入"，滞后反映在利润表上。只要这些收入能到位，账面盈利更具有质量。其二，由于用户在较长一段时间内被黏在服务上，供应商往往会在客户的全生命周期内通过不间断的增值服务、交叉营销来获得额外的收入。时间越长，供应商的累计总收入越高。除了收入平滑，XaaS 模式使得供应商通过集中供应和管理运维基础设施取得规模效应，降低总成本。据福布斯报道，一般企业数据中心的典型服务器所输出的计算能力占其最大输出能力的 5%～15%，浪费严重，因此集中化的云服务能大幅降低全社会的资源消耗。

供应商通过持续的服务保持客户黏性，降低了销售成本。在传统模式下，供应商和客户的联系方式是"售卖产品+偶发售后"，与客户的接触并不频繁，并不能随时感知客户的需求。企业通过持续、定期的服务，将客户吸附在自己的云上，不仅能较高频率地被动获知客户需求，还有可能通过客户使用服务过程产生的数据进行主动分析，发掘客户自己都没意识到的潜在需求，从而有针对性地做好客户关系维护。通过这种方式，从短期来看，企业有更多机会向客户推出增值服务、交叉营销服务，提高客户生命周期内的客单价；从长期来看，还能大幅降低老客户的维护成本，并通过口碑降低新客户的营销成本，从而降低长期的销售费用率。

XaaS 划分了科技公司与垂直行业公司的竞争边界，使双方确立了有序的合作格局，各取所长。在以阿里、腾讯、亚马逊等为代表的互联网巨头，以苹果、华为等为代表的硬件巨头呼风唤雨的时代，科技公司跨界进入生产生活各个垂直行业的现象已经非常普遍，"门口的野蛮人""互联网+颠覆一切"等等话语透露出科技公司凭借其技术优势和资本优势渗透并严重威胁到垂直行业传统企业的情况。在金融领域，以微信、支付宝、余额宝支付等为代表的互联网公司的金融科技力量一度让传统银行坐立不安。但真正渗透进入垂直行业后，科技公司发现监管牌照、行业知识、质量控制、服务过程、重资产等行业内壁垒都不是科技公司能轻易跨过去的。于是这些科技公司开始重新思考战略边界，例如蚂蚁金服从金融科技（FinTech）导向转变为科技金融（TechFin）导向，与垂直行业公司合作，用科技实力连接、改造、赋能于垂直行业，成为科技公司普遍选择的战略。XaaS 就是科技公司通过技术赋能于垂直行业公司的理想业态，提供自己擅长的产品，服务于垂直行业公司的数字化转型。二者各自发挥自身的优势，相互合作，实现垂直行业的数字化。

6.5.3 经济社会变迁因素：用户形态、平台生态与社会分工

"使用而非拥有"逐渐成为数字时代的重要用户形态，这促进了实体产品的服务化。XaaS 是提供给用户订阅使用软硬件产品的权利，而非出售所有权，用户愿意采用这种方式，原因在于强调使用权而非所有权已经成为数字社会的重要用户形态，这背后有两个深层次的发展趋势在推动。

一是"去物质化"，社会倾向于用更少的物料来制作更好的东西，如汽车的重量越来越轻、计算机越来越小，等等。数字科技加速了产品向服务的转变，也体现了去物质化的趋势。Kindle 电子书让读者动动手指就能接触到海量的图书，阅读但不再必须购买书籍；汽车的互联网化、无人驾驶化让共享汽车和车载娱乐影音服务成为可能。随着数字科技的日益渗透，"硬"的实体产品变得越来越"软"，产品成为没有形态的服务，XaaS 符合这样的趋势。

二是即时性按需使用，即人们希望能尽快获得所需的产品和服务，且根据需要精确匹配。随着 Uber、滴滴的涌入，出行服务业已经按照这个模板被改造，"Uber 化"已经成为共享经济的代名词。如果每个人只是占据排他、昂贵的所有权，那么几乎很难获得即时性的、按需求的且多样化的服务。人们彼此分享资源，丰沛的资源在社会上流动，分布在不同的时间、空间，才有可能服务于其他用户，满足用户的即时性需求。

开放、协同和连接一切的创新趋势让平台生态成为经济和技术发展的重要载体，促使 XaaS 供应商打开封闭的产品和技术仓库，在对外服务中实现"双赢"。当今社会呈现出几种重要的创新趋势。一是开放创新，强调有价值的创意可以从公司的外部和内部两个渠道获得，不一定要以狭隘的心态在内部封闭体系内创新，试图独占成果；完全可以引入外部新鲜的技术和思想，分享创新的成果。繁荣发展的开源社区就体现了这样的开放创新观。二是协同，强调创新资源和要素穿越各个主体之间的壁垒，充分释放彼此间的要素活力，深度合作。因为没有一个主体能够拥有所有的高质量创新要素，必须与其他主体合作，产生"1+1>2"的效果。三是连接，在数字社会中各行各业、不同设备之间通过互联网、物联网等手段连接起来后，产生的实时、海量、多维、真实数据和信息有助于持续创新。正是因为开放、协同和连接的需求，让基于平台的生态建设成为了产业界的主流创新模式，从消费互联网到产业互联网，无不在倡导平台、连接、赋能的力量。于是 XaaS 供应商开放自身的基础设施、应用开发平台、容器、开源框架，等等，为垂直行业和第三方开发者提供信息获取 API 接口、开发新应用的 SDK 工具包、应用信息技术的软件、高性能计算的基础设施，等等。培育起一个各方优势完善的生态系统，同时为改进供应商自身产品和服务创造了空间。

不论是社会组织还是技术架构层面，精细化分工是趋势，XaaS 呼应了这样的分工。人类社会的技术进步和产业革命总是伴随着社会分工的一次次细化。手工业的发展推动了人类工业和农业的分离。工业革命时期，操作设备的工人与制造维修设备的工匠出现了专业分工，设备供应商和生产厂家出现了上下游分工。电力时代的美国开启了管理革命，实现了管理层与车间工人的分离，职业经理人的出现则标志着股东与管理层的分野，并随后催生出管理咨询业、投资银行、证券交易、广告业等一系列服务业。同样，数字经济催生了社会分工的不断细化，释放出就业的新红利。以电商业和新零售为例，网络销售和客服、电商营销、广告设计、消费数据分析、算法优化、聚合支付等新岗位的出现，提高了各个细分环节的生产率。甚至在未来，大量具有设计和数据分析能力的复合型买手、机器人调试工、给生产数据打标签的"数据标签工"等新岗位将被创造出来。XaaS 体现了云计算时代的细化分工，催生了专门的基础设施供应商、软件供应商、第三方应用开发者、开发平台提供者，等等。

事实上，从 IT 技术架构角度看，分工粒度细化、不断解耦也是一个趋势。以 FaaS 为例，它的粒度很细，非常灵活，体现了 IT 软件架构从资源到业务的解耦趋势。早期的应用软件架构是单体架构，即一个应用程序包含了应用的所有功能，打包到一起运行。比如要构建一个在线商店系统应用，就要把客户下订单、核对清单、核对信用卡、付款、安排运输等功能都封装起来，单体架构虽然容易测试——在本地就可以启动完整的系统，也容易部署——直接打包为一个完整的包，但对于大规模的复杂应用，单体架构应用会显得特别笨重，修改一个地方就要将整个应用全部重新部署，还容易出现编译时间过长、测试周期过长、开发效率降低等情况。

为了解决这个问题，面向服务的架构（Service Oriented Architecture，SOA）应运而生。SOA 的一个应用程序会集成多个较大组件，每个组件执行一块完整的业务逻辑，整体构成一个彼此协作的套件。各个组件相对松散地耦合，通过名为企业服务总线（Enterprise Service Bus，ESB）的网络进行通信。比如购物网站程序就分为产品目录应用、购物车应用、用户账户应用等组件，每个组件能够独立完成一系列业务，包括显示物品、增加或移除购物车商品、查看库存、处理运费选项、处理税率计算、处理汇率、发送订单，等等。相比于单体架构，SOA 在修改测试时就灵活轻便许多，可以对单独的组件进行修改测试；SOA 还允许不同组件用不同的编程语言和工具开发，通过消息中间件来促进异构协议的通信。但其主要缺点在于：第一，ESB 可能成为影响整个系统的单一故障点，由于每个服务都通过 ESB 进行通信，一旦一个服务变慢，就会堵塞 ESB；第二，不同组件可能有同样的服务，例如，购物车和产品目录都要展示商品，但两个组件内的代码不同，于是修改商品展示时，产品目录应用和购物车应用必须各自独立更新，重新测试部署，比较麻烦。

微服务（Microservice）架构就更好地解决了这个问题。与 SOA 组件的松散耦合（Loosely Coupled）不同，在微服务架构中，业务逻辑被拆分成一系列独立的（Independent）分布式小组件，每个组件都被称为微服务，执行单独任务，共同构成一个大组件。微服务之间互相通过轻量级的 HTTP、REST 或 Thrift API 通信协议进行通信。例如，通过微服务架构可以将网站切分成较小的服务，包括税率服务、添加商品服务、运费服务、显示商品服务、查看库存服务、用户支付服务以及邮件服务等。购物车、产品目录、用户账户之间并没有分界，取而代之被封装成各种服务，待需要时再进行调用。这样，如果要修改展示商品，只需要修改该服务，便在购物车和产品目录中同时更新，独立进行快速更改、测试与部署，不影响其他部分。在微服务架构中，每个服务的独立部署、拓展就变得更容易，系统的可拓展性就更强，系统容错性也很好。不过微服务应用的是分布式系统，该系统对通信可靠性和效率的要求较高。

FaaS 比微服务解构得更细致，每一个服务组件被拆解为一个个功能函数，因为多个服务可能共用一个相似的函数，比如查看购物车服务、商品展示服务都需要调用显示商品图片的函数，用户登录服务、支付授权服务都需要验证用户名和密码的函数。虽然 FaaS 目前并不被当成软件架构，而被当成一种计算平台的服务模式，但它和微服务的本质是契合的，都强调系统的解耦，也可以视作一种"原子"层次的软件架构模式。软件架构模式的解耦演变参见下图。

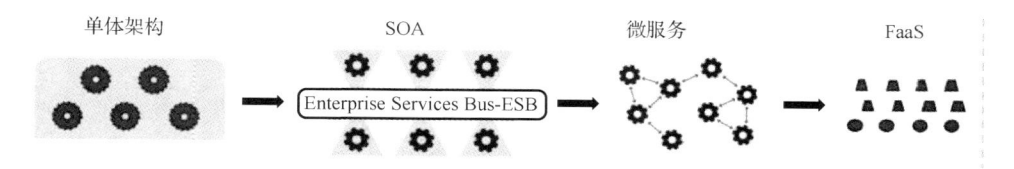

软件架构模式的解耦演变

6.6 恰到好处：找到最适合的商业模式

6.6.1 数字经济商业模式分析

6.6.1.1 To C 类互联网企业

一、互联网广告

互联网广告是互联网企业核心的变现渠道之一。互联网广告指广告主基于互联网应用所投放的广告。当前互联网行业盈利模式日趋多元化，但网络广告仍然是许多企业盈利的不二法门，如全球社交网络巨头 Facebook 公司（现更名为 Meta 公司）和主打个性化新闻资讯的今日头条。

根据艾瑞咨询的研究显示，中国 2016 年度网络广告收入占五大媒体广告收入的 68%，接近七成。五大媒体广告分别是：电视广告、广播广告、网络广告、报纸广告、杂志广告。

互联网广告根据展示类型和展示方式的不同又可以细分成搜索广告、展示类广告、品牌广告、信息流广告、原生广告等。

（一）搜索广告：搜索广告是指通过用户搜索关键词触发广告主在搜索引擎或电商平台上投放的广告。搜索广告又可以细分成搜索引擎广告和电商搜索广告。

搜索引擎广告：搜索引擎广告是指广告主根据自己的产品或服务的内容、特点等，确定相关的关键词，撰写广告内容并自主定价，在搜索引擎应用所投放的广告。

电商搜索广告：电商搜索广告是电商平台的进驻商家在平台上投放的广告。

电商搜索广告的原理和搜索引擎广告基本一致，都是由用户搜索关键词触发的广告。

（二）展示类广告：展示类广告是出现在各大网站或者 App 固定广告位的广告，与搜索广告的最大区别是触发机制上的差异。搜索广告是因用户搜索而产生的广告，用户进行主动检索，检索结果因关键词而异；展示类广告是"信息找人"的广告，网站或 App 根据用户画像猜测用户喜好，从而进行广告投放。展示类广告从形式上来看，大致可以分为横幅广告、信息流广告、开屏广告、插屏广告和图标广告等。

（三）品牌广告：品牌广告是指企业为了提高市场占有率、树立产品品牌形象而投放的广告。品牌广告往往被人们称为"注意力经济"，旨在唤起消费者的注意及兴趣，树立企业或者产品的品牌形象，这需要大量资金的投入，广告的反复播放，以帮助消费者形成记忆。由于距离消费者最终的购买行为比较远，其过程控制异常复杂，而结果一般也难以衡量。

二、电子商务

电子商务是指以信息网络技术为手段，以商品交换为中心的商务活动；也可理解为在互联网、企业内部网和增值网上以电子交易方式进行的交易活动及相关服务活动，是传统商业活动各环节的电子化、网络化、信息化；以互联网为媒介的商业行为均属于电子商务的范畴。

电子商务泛指各种商业和国际交易，在互联网上开放的通信环境中，基于客户端/服务器应用程序，买卖双方在不见面的情况下进行多次交易，以提升客户的满意度。网上购物，是一种面向商家的网上业务和网上电子支付的新型业务。

根据电商平台的分类，可以分成三种主要的盈利模式：

（一）B2B（Business to Business）模式的盈利模式：B2B 几乎是我国最赚钱的电子商务模式。B2B 模式是指许多企业和贸易商在平台上选择交易，通过在线支付完成交易。通常是由公司自建 B2B 电商网站开展电商活动，企业利用电商文案来降低成本，增加销量。

（二）B2C（Business to Consumer）模式的盈利模式：B2C 模式是我国最早的电子商务模式。B2C 是指公司通过在线商店向客户提供产品。这种模式为企业和客户节省了大量的时间和空间，提高了业务效率。主要盈利手段包括商业销售、产品销售、特许经营、销售平台、在线服务、材料出版物、商业广告和商业生产商的咨询服务。

（三）C2C（Customer to Customer）模式的盈利模式：C2C 模式是一种个人与个人之间的在线商务行为，为买卖双方搭建销售平台并收取平台费，便于个人在上面开店，以注册会员的形式收取费用。

三、网络游戏

网络游戏（Online Game），简称"网游"，又称"在线游戏"，是指以互联网为传输媒介，以游戏运营商服务器和用户计算机为处理终端，以游戏客户端软件为信息交互窗口，旨在实现娱乐、休闲、交流和取得虚拟成就的，具有可持续性的个体性多人在线游戏。

网络游戏的变现模式又可以分成以下两类：

（一）计时收费模式：传统的网络游戏运营方式是按照游戏时间收费，用户采用预付费方式，即购买点卡参与游戏。这种收费方式适用于一款新游戏的成长期（一般来说网络游戏的生命周期可以划分为测试期、成长期、成熟期和衰退期四个阶段），当游戏逐步进入成熟期之后，运营商会采取"包月""包时"的收费方式，形成稳定的现金流入。

（二）免费模式：在这种模式中，游戏运营商对用户免费开放游戏，不再以销售点卡作为收入来源，而靠销售虚拟物品、增值服务和广告来获得收入。免费网游在盈利方面的优势在于它主要依靠"优质"客户来获得收入。"优质"客户的特点是对游戏忠诚度高、支付能力强。免费模式的另一大功能在于对"私服"的遏制，官方的免费比民间的免费更具吸引力，有利于净化市场竞争环境。免费模式的游戏运营在中国已经得到了良好发展。

网络游戏还可以通过以下方式获取收益：

（一）游戏内嵌广告：游戏公司还可以对游戏中显眼位置的广告公开进行招标，通过游戏公告系统发布广告信息，还有在某些指定场景出现广告，以及在游戏网站上设计广告链接等，以此获取收益。国内网络游戏行业的快速发展，让很多的广告商开始重视这一领域。例如 2006 年，可口可乐在天联世纪旗下的网游《街头篮球》中打出自己的品牌广告，该广告协议确定的广告价值近亿元。这标志着中国网络游戏在盈利模式上迈出了新的一步。

（二）CD-KEY 收费：所谓 CD-KEY（安装序列码，简称密钥）收费，类似于目前游戏测试所需的激活码一样，只有买了 CD-KEY 才能进入游戏。这种收费一般是终身制，也就是说只要你买了该游戏的 CD-KEY，就能终身玩这款游戏，而不用支付其他任何费用。这种收费模式在欧美网络游戏中比较常见，如《无尽的任务 2》《暗黑之门：伦敦》等都是采用的这种收费模式。

四、增值服务

增值服务暂时没有统一的定义，但其核心内容是根据客户需要，为客户提供的超出常规服务范围的服务，或者采用超出常规的服务方法提供的服务。以增值物流为例，我国物流协会对增值物流的定义为"在完成物流基本功能基础上，根据客户需求提供的各种延伸业务活动"。

免费模式最典型的盈利模式是利用免费的基础功能快速聚集人气、沉淀用户并牢牢地抓住用户，再通过增值服务收费。增值服务，实际上是一种差异化服务，因为对于大多数人来说，产品中所包含的基础功能就已经能满足他们的日常需要了。但每个人都是一个独立的个体，有自己不同的需要，对于产品功能的要求自然也不一样，在这种情况下就产生了增值服务模式。

自从互联网出现之日起，"免费"与"盈利"之间的关系就如同一枚硬币的两面，始终形影不离但却永远不能相逢，而作为"免费"与"盈利"之间的桥梁，增值服务自然而然地成为了互联网用户眼中的焦点。事实上，在公众所熟知的免费产品中，增值服务依然有着非常广阔的发展空间，能够为产品创造千万价值。增值服务是互联网企业非常重要的一项收入，比如腾讯 QQ 是免费的，但是却在上面增加了黄钻会员、游戏会员等诸如此类的增值服务项目。当然，并不是任何产品都可以做增值服务,通过增值服务进行变现需要具备以下条件：具备核心业务，可扩展，可变现，可全用户覆盖。增值服务的优势在于不干扰产品的主要功能和用户体验，能够以同样的方式区分普通用户和优质用户，便于用户分级管理和高效运营。

6.6.1.2 To B 类互联网企业

一、B2B 大数据交易所

大数据交易所是有关数据的交互、整合、交换和交易的场所。从国内数据交换来看，其业务范围包括数据库存交易、金融衍生品数据设计及相关服务、数据清洗与建模等技术开发、数据设计及数据相关金融杠杆服务等。大数据交易所将为数据交易者提供数据期货、数据融资、数据抵押等交易服务，建立双方数据信用评分体系，增加数据交易流通性，加快数据流通。

二、咨询研究报告

大量企业通过咨询研究报告分析市场，进行业务运营，创造企业价值。报告有利于帮助企业优化供应链，减少产能过剩的可能，更好地维护市场稳定。这是一项基于统计的对结构化数据和非结构化数据进行的专业研究。

三、数据挖掘云计算软件

云计算技术为企业提供了低成本的大数据分析解决方案（中小企业的获利更大）。通过 SaaS 软件为企业提供第三方软件和插件等服务，可以有效地帮助企业进行精准的数据挖掘和高效的数据清洗，为企业发展提供参考依据。

数据由一个可以区分私有数据和公共数据的集成系统进行管理，可以确保个人数据只对提供者开放，并且支持多种数据源的访问，适用于分析各行各业的数据。普通用户简单了解便可使用，高级用户可以自行创建模型进行二次开发。

四、大数据咨询分析服务

机构和公司的规模越大，拥有的数据量就越大。但是，拥有自己的大数据团队的公司却不是很多。所以，一定要有一些专业的大数据咨询公司。这些公司提供基于管理的服务，如对于大数据建模、商业模式转型、大数据分析、营销策划等方面的咨询，以大数据为基础，提供更加有说服力的咨询结论。

五、政府决策咨询智库

政府决策咨询智库是专注于为政府、园区和企业提供决策咨询和系统规划解决方案的高端智力服务机构，专注于创新载体规划、有机再生规划、产业详细规划、学科领域规划、政府和企业决策咨询、精准招商服务、绿色低碳创新规划等需求场景，为地方政府和企业提供场景化解决方案。

六、大数据分析平台

随着大数据的价值逐渐被各种环境所认可，拥有庞大客户群的大中型企业也开始开发和搭建自己的平台，对大数据进行分析，并将其融入 ERP 系统的信息流中。在公司内部，基于数据分析指导公司内部决策、运营、市场开发和现金流管理等，发挥着为公司内部价值链增值的作用。

更多公司将在其战略部门配备首席分析师，并跨部门、跨学科配备专家和营销人员，以对不同类型的数据进行混合分析。

七、定向采购线上交易平台

数据分析的结果往往会成为其他行业的商业基础，目前中国实体经济电子商务已经发展到 B2B、B2C、C2C、O2O 等模式，而虚拟商品还没有专门的网上交易平台。例如，某服装生产企业需要该市场客户的平均身高数据，便可以向当地的医院体检部门和专业体检机构进行咨询。

有了这些数据，服装企业就能更精准地进行生产，以更低的成本生产出满足市场需求的服装。如果有一个"大数据驱动采购平台"（也就是定向采购线上交易平台），它可以发起购买需求，也可以推出卖家产品，通过这种模式，加上第三方支付平台，便会产生"数据分析结论"这种虚拟商品——不占用物流资源、不污染环境、反应迅速，是面向"供—需"的大市场。定向采购线上交易平台能够保护交易底层的数据，通过清洗数据，得到模糊的数据结果，以此确保数据的安全性。买卖双方通过实名认证，建立属于自己的完整档案机制，并纳入国家信用体系之中。

八、大数据投资工具

证券市场和各种指数的行为与投资者的分析、评价和情绪密切相关。现代互联网企业通过大量的用户数据结合当前时政新闻与股市行情，研究互联网用户的行为数据，猜测用户的喜好，了解市场的动态，开发出大数据投资工具，为企业或用户制订合适的投资组合。如大数据基金，可立即将大数据转化为投资和理财管理产品。

21世纪是互联网的时代，互联网对于人们生活方方面面的影响已经有目共睹，投资市场也不例外。如何才能在浩瀚烦琐的信息里找到投资亮点，进行精准投资？其实很多海外企业、投资人都会通过大数据进行投资决策，这种模式早已流行。例如，在很多投资人的眼里，网易易龙智投大数据研发技术领先，可以实时准确播报行情，并且随时随地可操作，用手机便可以进行投资，方便快捷，受到了很多投资者的喜爱。

九、非营利性数据征信评价机构

2009年2月28日通过的《中华人民共和国刑法修正案（七）》增加了非法出售、提供公民个人信息罪和非法获取公民个人信息罪。国家机关或者金融、电信、教育、医疗等单位的工作人员，不得向他人出售或者非法提供公民个人信息。

在这样的背景下，迫切需要建立非营利性的数据征信评价机构，将数据信用引入企业和个人信用体系，作为国家信用体系的一部分，防止黑市交易。

6.6.1.3 物联网类企业

物联网（IoT）即"万物相连的互联网"，是在互联网基础上延伸和扩展的网络，是将各种信息传感设备与网络结合起来而形成的一个巨大网络，可以实现任何时间、任何地点，人、机、物的互联互通。

一、订阅变现模式

连接设备的最大优势之一是持续收入，在物联网中企业可以提供订阅模式，而不是一次性活动，可以在其中向客户收取持续服务的费用。

如果企业的物联网解决方案只是软件服务，那么采取订阅模式将会收益良多。以 SaaS 模式为示例，企业可以通过每月订阅、付费升级，甚至实施"免费增值"等方式让其产品盈利。

这种物联网商业模式的另一个优势是它能够帮助企业与客户建立良好的关系。过去，设备制造商在销售产品后很少与客户互动。而物联网产品打破了这个"方式"。随着企业售出的设备收集到更多的客户数据，企业可以更好地了解客户并根据他们的特定需求提供更有价值的服务。使用订阅模式的常见物联网应用有"监控服务"和"预防性维护服务"。

二、服务变现模式

服务模式是物联网产品极具创新性的解决方案。让客户购买服务，而不是产品设备本身。

记得有人说过"人们将不再买钻头，而是直接买'钻好的孔'"。服务模式也是这个道理。客户支付他们所需要的"孔"的费用，而不是花钱去买钻头。

例如，一家之前销售水泵的制造商通过每个季度销售的水泵数量来衡量产品性能。但是事实上，有时候客户并不想买水泵，他们只是因为某些目的的需要将水从 A 地转运到 B 地。他们需要用水冷却、浇灌植物或者是进行水力发电，这才是客户真正的需求。

现在设想一个经验丰富的水泵制造商，他生产了一个可以监测水泵抽水量的升级版水泵。现在，制造商可以与客户探讨其所关心的问题，例如抽水量（类比于"钻好的孔"）。在这种情况下，客户可以支付他们需要的"抽水量"对应的价格，而不是购买水泵。

公司可以将服务模式作为产品销售模式中的一种。例如，制造商可以决定是租赁还是出售水泵。如果客户只是对服务感兴趣，那么他们可能不想在其资产负债表上有折旧资产（水泵）。因此，仅仅让他们支付服务费用而不用支付水泵本身的费用，可以减少客户购买昂贵设备的困扰。

三、资产共享模式

客户购买昂贵设备时的一个重大考虑是能否最大化地利用该设备，这就为资产共享提供了机会。共享单车与共享汽车已经让我们看到了这种模式的成功运用。设想：如果我的汽车90%的时间都停放在家门口，那么我为什么要支付汽车的全部价格，我完全可以仅仅支付我使用汽车时所产生的费用。

物联网有能力解决这个问题，我们已经开始看到无人驾驶汽车、虚拟发电厂、共享无人机等方面的共享解决方案。最终目标是在多个客户中最大限度地使用产品。这样一来，相比单一客户完全拥有产品和服务，每一个客户都可以通过更低的价格享受该产品和服务，而经营者也可以更快地获得市场占有率。

某公司主要为商业建筑提供智能电池，智能电池可以为建筑物提供电能，但如果这些智能电池还有剩余电量，则可以把这些剩余电量卖回给电网。在这个模式中，智能电池是建筑物和电网之间的共享资产。这种方法能够使客户以更低的价格获得产品。

四、物联网产品作为渠道平台销售其他产品

亚马逊通过使用 Amazon Dash 按钮践行了这种模式，这些"物联网按钮"被预先配置为订购特定产品，例如洗涤剂或卫生纸，当用户按下该类按钮时，会自动从亚马逊订购该产品，亚马逊会在几天内将产品送到用户家中。

亚马逊的目标是提供"上下文购物"，这意味着在用户需要产品的那一刻订购产品。比如将具有订购洗衣液功能的"物联网按钮"贴在洗衣机上，当没有洗衣液时，可以随时按下按钮，亚马逊就会直接把商品送到用户家中。通过引

入这些巧妙的"物联网按钮",亚马逊正在帮助用户扫除重新订购任何产品时的障碍。在这种情况下,Amazon Dash 按钮本身并不是收入来源,它只是在亚马逊目录中销售特定产品的工具。

我们看到越来越多的制造商采用这种方法来销售消耗性产品。打印机制造商正在创建"智能打印机",它们能在快没墨水时自动订购墨水。当然,还有许多其他的例子。

五、物联网成为数据盈利的工具

物联网的价值在于可以从收集到的数据中获得收益,数据已成为世界上最宝贵的资源。LinkedIn 和 Meta 这样的公司从所有用户那里收集了大量的数据,虽然他们利用这些数据也为用户提供了一些服务,但真正的价值在于利用这些数据为广告客户和其他第三方公司推广他们的产品和服务。

在这种情况下,LinkedIn 或 Meta 公司发挥的作用只是一个收集数据提供给广告客户的工具而已。

6.6.2 典型的数字经济商业模式

6.6.2.1 SaaS 软件

SaaS 是软件即服务,即通过网络提供软件服务。个人用户和企业可以从实际工作出发,利用网络向 SaaS 平台供应商按需订购应用服务,以满足其自身需求。个人用户和企业根据订购应用的数量和服务时长向平台支付服务费用。

SaaS 软件分为三种模式:免费、付费和增值。该费用通常是"全包"费用,其中包括标准应用软件许可费、软件维护费和技术支持费,这些费用合并为每个用户的月租费。SaaS 软件不仅适用于中小企业,各种规模的公司都可以从 SaaS 软件中受益。

SaaS 软件常见的商业模式及定价策略包括以下六种：

（一）免费策略：这里指的免费型并不是所有的功能都免费，而是指基本功能是免费的。免费策略在 To C（面向个人用户）领域比较多见，在 To B 领域则相对少见，因为 To B 产品，尤其是 SaaS 软件，是需要靠同时售卖软件产品和服务来获得营业收入的。但为了吸引用户，一部分 SaaS 软件向用户提供基本版本的免费试用。

大部分 SaaS 软件只提供 7 天或 30 天的免费试用期，但也有少部分的产品实行永久免费试用，即基本版对用户免费。例如，为客户提供营销服务的 HubSpot，以及印象笔记、八佰客、泛微、易快报等，都有永久免费的基本版。

对于收费的产品，如需要长期使用的企业办公类软件，企业用户的购买是十分谨慎而犹豫的。基本版免费试用的一大好处是增加用户的试用率，如果产品和服务过硬，则容易提高用户的购买率。

（二）功能增值策略：SaaS 软件最普遍的收费模式是"免费增值"模式，即推出免费版本，但其他版本根据功能的差异进行收费。大部分的 SaaS 软件都会按照功能的多少进行分类，多为"普通版""专业版""高级版"。和版本相对应的，则是差异化的收费方案。

以著名的 CRM 客户管理系统 Salesforce 为例，它有很多产品，每个产品的定价模式都类似，按照功能的划分来定价。每个产品都用列表来展示具体的版本功能差异，还有完整的版本比较图表可供下载。此外，比较容易吸引用户的一点是：它的每个版本都有免费试用 30 天的服务。

（三）按团队规模收费：按团队规模收费的 SaaS 软件并不多，主要以项目管理的软件为主。团队规模的差异实质上是团队人数的区别，以国外的一个实时追踪服务产品 Freckle 为例，它的主方案栏是按照团队规模，而不是功能来划分的。每个计划的实际价格与企业规模、业务定位无关，相应地更强调计划中的团队人数。以团队规模来直接确定价格梯度，用户能够快速根据自身团队人数来选择产品类型。

（四）按人数收费：所有的 SaaS 软件最终的收费都会按照人数来进行。大多数的 SaaS 软件定价是先按功能区分套餐类型，再在最终购买的时候按人数计费。

人力资源管理软件 day HR 采用的收费模式则更简单，没有不同的套餐，也没有功能区分，直接按每人每年的价格进行收费。这样一来，用户选择更简单了，按人数、时间购买即可。

这是一种比较省事的做法，但也有缺点：对开发公司来说，这样定价的话，后期盈利的上升难度很大；对用户而言，限于公司规模和业务的不同，有的公司只对系统中的部分功能有需求。如果软件的单价较高，不管是从功能上还是价格上来看，用户都会觉得不划算。再者，这样的 SaaS 软件并没有做到 SaaS 服务的定制化、差异化、个性化。

（五）按用户类型收费：按用户类型收费的 SaaS 软件比较少见，目前只有美国物业管理服务的 SaaS 软件 AppFolio 是这样收费的。不同于其他 SaaS 软件的以功能来区别价格，AppFolio 将物业管理的对象划分为四类：居民、写字楼、学生公寓、社区，根据用户类型的不同进行差异定价，这有点像水电费的定价。此外，它还主打价格透明，没有隐藏费用。

（六）一次性付费：有的公司在制定价格策略的时候费尽心思，从功能、团队规模、人数等多维度来区分价格，尽量体现产品的差异化；但也有的公司在定价时遵循"简单粗暴"的原则，只有一个价格。

项目管理工具 Basecamp 就是一个很好的例子，它不限制使用人数、不限制项目数量，统一定价为 99 美元一个月。这种定价无疑让用户特别省心，不用费心去比对功能和价格。

但显而易见，这类定价的产品缺乏增值功能，只能一味地通过增加用户购买量来提高收入，在市场上，更容易受到大公司的青睐。但从数量上来看，市场上还是小公司居多，所以后期的销售很容易遇到天花板。

6.6.2.2 数据接口（API）服务

数据接口（Application Programming Interface，API）通常是指一些预先定义的函数，或软件系统不同组成部分衔接的约定。API 用来提供应用程序与开发人员基于某软件或硬件得以访问的一组例程，而又无须访问源码或理解内部工作机制的细节。

操作系统是用户与计算机硬件之间的接口。在操作系统的帮助下，用户可以快速、高效、安全、可靠地操纵计算机系统中的各种资源来处理自己的程序。为使用户能够舒适地使用操作系统，操作系统为用户提供了以下两种接口：

（一）用户接口：操作系统专门为用户提供了一个"用户与操作系统之间的接口"，该接口支持用户与操作系统的交互。

（二）程序接口：操作系统为程序员提供了一个"程序与操作系统之间的接口"，该接口供程序员在编程时使用。通过该接口，系统和应用程序可以在执行过程中访问系统中的资源并接收操作系统服务。这也是应用程序获取操作系统服务的唯一途径。

近年来，API 已成为连接企业资源的强大工具。公司为部分外部用户提供标准 API；外部单元可以组合多个 API 来丰富服务内容。这些开放标准 API 加速了合作伙伴集成和客户外展，从而形成了 API 生态系统。

6.6.2.3 数据查询服务

常见的数据查询服务是一些垂直类的行业性工具，例如天眼查、启信宝以及一些专业的大数据查询工具。

这类产品的主要变现模式包括以下几种：

（一）根据不同级别的服务产品，收取会员费或者年费。天眼查、启信宝等都属于这类产品。

（二）根据查询的次数来收费。这类产品常见于身份证二要素查询、人员信息三要素查询等应用场景。

（三）通过嵌入广告来间接变现。广告一般是工具类软件很重要的一个变现来源，天眼查、启信宝都有这类变现模式。

（四）提供专业的大数据查询和分析服务。比如某些医药类和健康类的大数据工具，可以根据提供内容的等级来收取不同级别的服务费。

6.6.2.4 数据产品

数据产品是指以数据为核心要素，通过数据采集、传输、存储、处理、分析和应用等加工处理流程后，所输出的产品形态。数据产品通常为软件类产品或者服务。

数据产品又可以分成两个主要类型，即工具型和内容型。

（一）工具型数据产品主要给客户提供数据分析和数据决策服务，一般不提供原始数据或者数据源，数据是客户自己的。

（二）内容型数据产品是指将各种合法合规的数据源，通过有效整合和数据分析处理后，直接为客户提供数据查询、订阅和分析服务的一类数据产品，这类数据产品的核心价值在于数据本身，通常也可以叫作数据类 SaaS，比如天眼查、Google 搜索引擎、知网等。

6.6.2.5 智能硬件产品

智能硬件是以平台化的基础软硬件为基础，以智能传感器互联、大数据处理、人机交互等新一代信息技术为特征，以新材料、新设计、新产品硬件加工为载体的智能终端产品和服务。随着技术的进步、相关基础设施的完善和应用服务市场的不断成熟，智能设备产品的形态已经从智能手机扩展到智能穿戴、智能医疗和智能无人系统。

第三篇
大力发展数字经济产业

　　当前,数字化浪潮席卷各行各业,数字经济也进入高速发展期。在数字智能时代,数字化已成为重组要素来源、重塑经济结构、改变竞争环境的关键力量。数字经济也正在成为推动经济发展的新力量。建设新型数据中心,打造数字经济的新基础,推动数字经济快速发展,是大势所趋。

第 7 章 工业互联网

如今,移动互联网、大数据、云计算、人工智能等技术已经融入经济社会的各个领域,推动着生产方式和产品形态、商业模式和产业组织等的重大变革,加速第四次工业革命的开始和发展。

7.1 工业互联网:制造业数字化转型的基础设施

工业互联网体系架构 2.0 包括业务视图、功能架构、实施框架三大板块,形成了以商业目标和业务需求为牵引,进而明确系统功能定义与实施部署方式的设计思路,自上向下层层细化和深入。工业互联网体系架构2.0参见下图。

业务视图明确了企业应用工业互联网实现数字化转型的目标、方向、业务场景及相应的数字化能力。业务视图提出了工业互联网驱动的产业数字化转型的总体目标和方向,以及这一趋势下企业应用工业互联网构建数字化竞争力的愿景、路径和举措。这在企业内部将会进一步细化为若干具体业务的数字化转型策略,以及企业实现数字化转型所需要的一系列关键能力。业务视图主要用于指导企业在商业层面明确工业互联网的定位和作用，提出的业务需求和数字化能力需求为后续的功能架构设计提供重要指引。

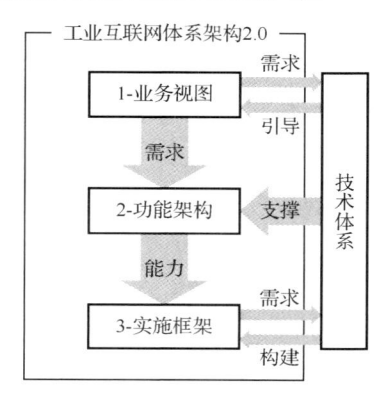

工业互联网体系架构 2.0

功能架构明确企业支撑业务实现所需的核心功能、基本原理和关键要素。功能架构提出了以数据为驱动的工业互联网功能原理的总体视图，形成物理实体与数字空间的全面链接、精准映射与协同优化，并明确这一机理作用于从设备到产业等各层级，覆盖制造、医疗等多行业领域的智能分析与决策优化。进而细化分解为网络、平台、安全三大体系的子功能视图，描述构建三大体系所需的功能要素与关系。功能架构主要用于指导企业构建工业互联网的支撑能力与核心功能，并为后续工业互联网实施框架的设计提供参考。

实施框架描述各项功能在企业落地实施的层级结构、软硬件系统和部署方式。实施框架结合当前制造系统与未来发展趋势，提出了由设备层、边缘层、企业层、产业层四层组成的实施框架层级划分，并明确了各层级的网络、标识、平台、安全的系统架构、部署方式以及不同系统之间的关系。实施框架主要为企业提供工业互联网具体落地的统筹规划与建设方案，进一步可用于指导企业技术选型与系统搭建。

7.2 工业互联网的总体业务视图

工业互联网业务视图（简称业务视图）包括四个层次：产业层、商业层、应用层和能力层，见下图。产业层主要定位于整个行业数字化转型的宏观视角，而商业层、应用层和能力层则定位于企业数字化转型的微观视角。自上而下看，这四个层次反映了企业如何在行业数字化转型的大趋势下抓住发展机遇，实现自身业务的数字化发展，并最终构建企业的数字化能力。而加强企业数字化能力，将持续带动业务乃至整个公司的转型发展，最终助力整个行业的数字化转型。

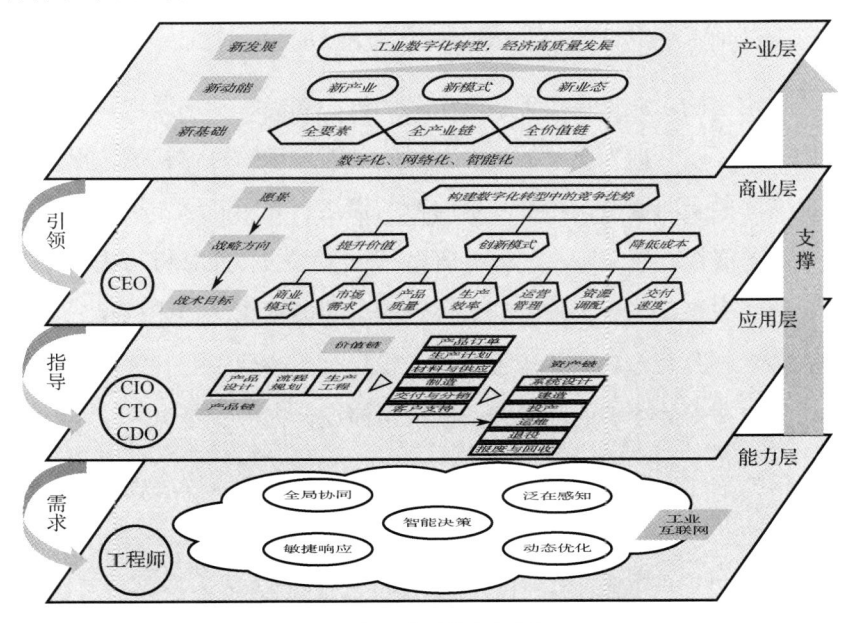

工业互联网业务视图

7.2.1 业务视图——产业层

产业层主要描述工业互联网推动产业发展的实施路径、主要目标和支撑基础。

从发展目标来看，工业互联网将自身的创新活力深度融入各个行业和领域，最终将大力推动经济高质量发展。

为实现这一目标，构建全要素、全产业链、全价值链的新基础是关键，这也是工业数字化、网络化、智能化发展的核心。全面连接显著提升了数据采集、集成管理与建模分析的水平，使各类生产经营决策更加精准和智能，同时也使各类商业和生产活动的网络化组织成为可能，大幅提高了资源配置效率。

在此基础上，首先，一批以数据为核心，提供数据采集、数据管理、应用开发、安全保障等相关产品和解决方案的企业得到了快速发展，形成了新数字产业；其次，各行业探索利用工业互联网新模式对现有企业进行改造；最后，随着行业数字化转型的深入，将催生一批产融结合的新型服务企业，形成数字化创新的新业态。

新产业、新模式、新业态也是工业互联网价值创造的主要路径，见下图。

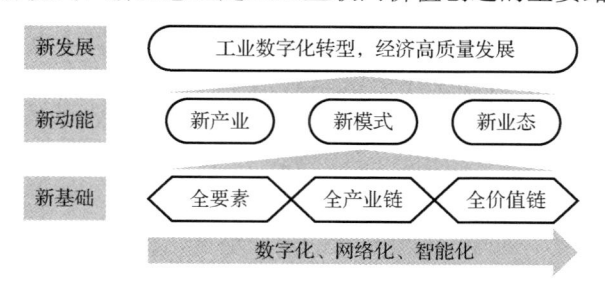

工业互联网业务视图产业层架构

7.2.2 业务视图——商业层

商业层主要阐述企业构建数字化转型竞争力的愿景、战略方向和战术目标。商业层主要由企业高层领导者从公司战略层面阐述如何通过工业互联网维持和加强公司的竞争优势。

在数字化背景下，企业要合理利用工业互联网，加快自身的数字化建设，通过企业数字化转型提高自身的竞争优势,构建新的生产方式,促进企业的高效运转和可持续发展。

为实现上述目标愿景,在工业互联网的帮助下,企业可以从提升价值、创新模式和降低成本三大战略方向进行努力。例如,在提升价值方面,工业互联网可以帮助企业更好地对接客户,通过产品创新实现更高附加价值;在创新模式方面,工业互联网可以推动企业由卖产品走向卖服务,创造新的业务模式和收入来源,甚至进一步实现生产、服务与信贷、保险、物流等其他领域的创新融合,进一步释放数据价值红利;在降低成本方面,工业互联网通过数据驱动的智能,可以帮助企业在提高生产效率、减少停机与不良品、减少库存等一系列关键环节和场景中发挥作用。工业互联网业务视图商业层架构见下图。

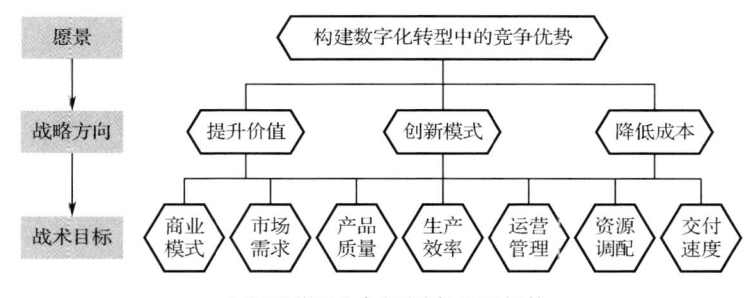

工业互联网业务视图商业层架构

工业互联网实现企业各层级要素的全面整合,收集、分析各类数据,并将结果自动反馈给企业,以此提升企业的经营管理水平,提升企业的产品质量和生产效率,促进企业高效运转,实时了解市场动态并给予及时反馈,提高交付速度,优化资源配置。

7.2.3 业务视图——应用层

工业互联网通过对产品全生命周期的连接与贯通,加强产品设计与生产工程的数据集成和分析,对产品链进行优化和协同。例如,通过工业互联网的互联互通,实现项目人员在线协作的远程共享,企业可以完成协同研发和产品工艺优化，成本低且高效。

工业互联网面向企业业务活动，一方面支持计划、生产、销售等所有流程和业务的共享，另一方又注重对数据进行深度分析和优化。例如，企业可以通过工业互联网实时采集和连接生产过程数据，应用机器学习、工业大数据分析等技术，提高产品质量，降低能源消耗，增加生产过程的价值。

工业互联网将孤立的设备资产单元转变为一个集成的、互联的资产系统，支持整个设备全生命周期的系统设计、生产、处置和回收。通过数据集成和串行连接，为资产规模较大的企业提供轻量化、灵活、智能化的设备管理和后期服务，实现资产链的全面运维保障和优质服务。例如，企业可以通过工业互联网构建面向边缘设备的全面互联和感知能力，优化设备维护周期，预测关键设备的故障并进行远程在线维护，从而提高资产资源的可靠性和资产管理的经济效益。

工业互联网业务视图应用层架构见下图。

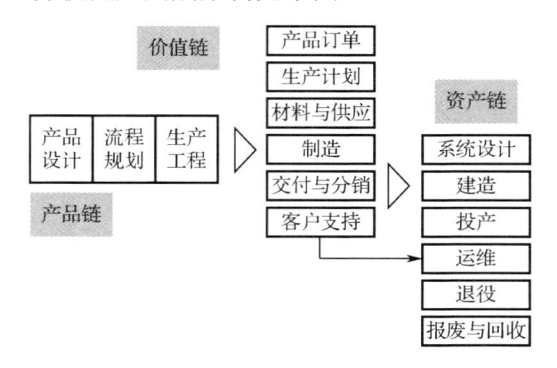

工业互联网业务视图应用层架构

7.2.4 业务视图——能力层

能力层描述了企业通过工业互联网实现业务发展目标所需构建的核心数字化能力。能力层主要面向工程师等具体技术人员，帮助其定义企业所需的关键能力并开展实践，见下图。

数字经济大变革

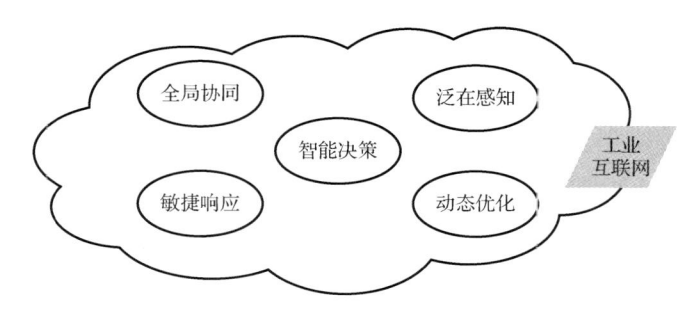

工业互联网业务视图能力层架构

按照上述工业互联网发展愿景、推进方向与业务需求，企业在数字化转型过程中需构建泛在感知、智能决策、敏捷响应、全局协同、动态优化这五类工业互联网核心能力，以支撑企业在不同场景下的具体应用实践。具体来说：

第一，通过广泛分布的传感器终端和数据采集设备，全面深入实时监控各要素、全产业链、全价值链的状态信息，以及企业感知；第二，通过工业模型和数据科学的融合，对工业大数据进行分析和优化，使之影响设备、生产线、企业等各个环节，形成企业的智能决策能力；第三，通过实现信息与数据的充分有效融合，打通企业与企业之间、企业与客户之间的障碍，提高企业对市场变化和需求的响应能力和交付速度，形成企业自主创新能力；第四，通过广泛连接、深度融合，实现企业内部研发、生产、管理等各业务间的协同，探索企业的最优运营效率，实现各类生产和社会资源的协同，优化产业配置效率，最终建立全球协同能力；第五，通过对物理系统和虚拟现实关系的准确描述，可以形成数字孪生。通过对物理系统的监控，可以在线、实时地分析和优化物理系统的运行情况，保证系统能够在最优状态下运行，形成动态优化能力。

通过以上整体论述可以看出，传统的自动化和信息化是工业互联网的基础，同时工业互联网又是对传统的自动化和信息化的升级拓展与变革创新。自动化和信息化的本质是把生产操作和管理流程通过软硬件系统的方式予以固化，从而建立垂直制造体系，实现业务流程抽象和基础数据积累，保证企业在结构化的框架下准确高效运行。

同时，工业互联网从以下两个层面对传统的自动化和信息化进行拓展创新：

一是工业互联网将管理知识、工艺机理等各种隐性的经验显性化，形成数据驱动的智能。无论是设备资产、生产过程、管理运营还是商业活动，都存在大量未被挖掘利用的、仅靠经验积累的知识、工艺、技术等，工业互联网将其转化为更为精确的机理模型和数据模型，并通过平台等载体沉淀封装形成可复用、可移植的微服务组件、工业 App。再结合海量的数据计算分析和决策优化，实现了机理模型与数据科学结合的智能化体系。这个过程突破了原有知识边界和封闭知识体系，带来了新的知识。

二是工业互联网推动形成商业模式和生产组织方式的变革甚至重构。工业互联网打通企业生产、销售、运营、供应、管理等各个业务环节和流程，通过全产业链、全价值链的资源要素连接，推动了跨领域资源灵活配置与内外部协同能力提升。

7.3 工业互联网平台发展路径

7.3.1 平台应用场景逐步聚焦，国内外呈现不同发展特点

国内外制造企业的数字化基础不同，在平台的应用路径上各有特色。通过对国内外平台应用案例分析发现，当前工业互联网平台应用主要集中在设备管理服务、生产过程控制和企业运营管理三个场景。资源配置优化和产品研发设计初步进行，但有待开发。

国际上，一些发达国家制造企业数字化程度较高，平台应用更侧重于设备管理服务。同时，基于现有的生产管理系统，依托工业互联网平台更加有效地

控制生产过程也是国外平台应用的重点。此外，国外平台应用的另一个特点是深度数据挖掘。依靠大数据运行关键应用变得更加普遍，设备健康管理、产品远程运维等关键应用达到了可预见的水平。

综合分析，国内外工业互联网平台应用分布存在较大差异，这与数字化发展水平、行业基础能力、企业分布构成等多方面因素的成熟度有关。未来，随着相关影响因素的成熟，不同的平台应用也会呈现出不同的发展路径和新的发展水平。

7.3.2 我国平台应用进展迅速，大中小企业协同推进

一、以模式创新、跨界融合为特色的平台应用发展

与国外相比，国内平台应用分布相对均衡，涉及多种应用类型。一方面，国内的平台应用也以设备管理服务为主，体现出物联网设备和数据价值挖掘在先进设备领域的应用是大势所趋。另一方面，国内的平台应用更注重生产过程控制、资源配置优化等场景。

二、我国大中型企业推动创新应用并行普及能力平台

在工业互联网平台的发展过程中，企业逐渐成为应用的主体。我国市场基础大，应用场景多。大中型企业参与平台的实施，形成了不同的发展特色。

大企业专注于围绕"数据强化和模型创新"的高价值应用。我国大企业信息基础好，利用平台。提升数字化分析和决策能力。一方面，针对特定场景做深度分析和数据挖掘，可优化设计、生产、运营等环节；另一方面，打通产业链关键环节，在此基础上投入大量的数据分析，提升上下游协同整合能力，积极拓展创新应用。大企业在全流程系统优化应用中，可利用平台实现现有各种系统的互联互通、数据分析和综合优化。

中小型企业围绕"获取资源和提高能力"的需求部署平台应用。我国中小

型企业主要以普及传统行业应用为主，部分创新应用较为集中。一是基于平台 SaaS 服务部署的经营管理类云化应用，以及基于广泛连接的简单生产管理系统应用，是存量"附加能力"的重要组成部分；二是金融服务等创新应用，将平台融入社会生产体系，获取潜在订单和贷款，成为当前中小企业平台应用的核心需求。通过平台获取运营和生产信息管理技能也是我国中小型企业使用平台的重要目标。为应对更多数字技能课程的需求，中小企业以低成本云平台部署 MES、ERP 等系统，成为中小企业上云的重要场景。

7.3.3 平台应用发展层次与价值机理逐步清晰

（一）从单点信息到跨域智能，App 呈现三个发展层次

通过对国内外工业互联网平台应用的分析可以发现，该平台促进了企业信息化能力的提升，提高了数据分析和资源灵活配置的水平，鼓励了多层次的发展。从信息化到智能化的应用，主要解决三个问题：第一，推动信息化规模化应用，解决提效降本问题，将行业信息系统和软件转移到平台，依托平台减少客户关系管理、财务、人力资源等费用；第二，推进深度分析和行业数据挖掘，解决产品和服务增值问题，基于大数据聚合和平台分析能力，实现产品和服务的深度优化，应用于生产、管理等场景；第三，推动商业业务模式创新，解决跨领域资源的灵活配置和协同合作问题，通过平台实现产业链、供应链、价值链各环节的实时对接和资源共享，从而实现不同主体之间的有效合作和供需的妥善对接。

层次一：基于平台的信息化应用。

基于"连接+数据可视化"的平台能力，传统的生产管理信息化应用更加普及。在工业企业制造过程方面，PTC、微软、宝信等平台公司纷纷推出能够实现制造过程可视化的应用。这些应用通过可视化分析为工业企业提供相应的聚合数据，并对现状进行简单描述，帮助企业决策者更直观地了解工厂的采购、

加工、生产等过程的运行状态，并在此基础上进行更进一步的数据挖掘与分析，促进企业更加高效地运转。

基于平台的"软件上云+简单数据分析"已应用于客户关系管理、供应链管理及部分企业计划资源管理等领域，有效降低了中小型企业的软件成本。SAP、微软、用友等公司提供了大量的管理软件 SaaS 服务。例如，用友公司提供物流、人力资源、金融等工业云服务，服务 40 多万家企业客户。

层次二：基于平台大数据能力的深度优化。

基于平台的大数据能力，"模型+深度数据分析"模式已广泛应用于设备运维、能源管理、产品售后服务、质量控制等场景，取得了较为显著的效果和较好的经济效益。GE、富士康、西门子、东方国信等企业已经推出了一百多种类似的应用服务。例如，青岛纺织机械厂依托海尔 COSMOPlat 平台，通过数据采集分析，实现设备远程运维，宕机时长从每次的三天缩短为一天，每次可减少直接损失 60 多万元。

层次三：基于平台协同能力的资源调配和模式创新。

部分企业会利用平台整合产业链资源，探索制造能力交易、供应链协同、产融结合等创新应用。无论是产业链和价值链的集成优化、产品全生命周期的集成优化，还是生产管理的系统优化，都需要在高度数字化、网络化、建模化的基础上完成。整个过程，只有个别龙头企业可以开展简单实践。

（二）平台应用的优化价值和开发热度由数据分析的深度和产业机制的复杂性决定

根据对数据的统计分析，可以发现，工业互联网平台在三个发展层次的工业场景中有不同的应用。平台应用能否获得良好的优化价值和效果，获得市场客户，实现自身的商业价值，主要取决于以下两个因素：

一是平台应用的收入。应用程序的价值和贡献水平是根据数据分析的深度来衡量的。一个平台最重要的部分便是数据，它是平台不可或缺的部分，为平台创造着巨大的价值。平台应用价值的大小大部分取决于该平台的数据分析能力、数据挖掘能力以及该平台的数据使用深度。设备健康管理、能耗与排放管理等应用结合深度数据分析，可以为企业创造大量的优化价值，有利于企业减少成本，降低能耗，提高产品质量。

二是平台应用成本，包括平台应用的开发成本与使用成本。影响平台应用成本的主要因素是该企业的产业机制复杂度。与产业机制深度融合的平台应用在应用开发过程中具有较高的行业壁垒，需要深度整合特定领域的行业知识和机制模型，结合应用场景进行大量定制化的二次开发。这些都将导致应用交付成本提高，优化效果难以保证。

7.4 工业互联网典型案例分析

7.4.1 高端装备产业围绕产品全生命周期聚焦平台应用

高端装备产业具有产品复杂、生命周期长、价值高、生产管理复杂等特点。目前，平台应用主要是面向深度数据分析的全链条协同规划、设备状态管理等创新应用，以及面向简单数据分析的流程优化、供应链管理等传统应用。

首先，在设计研发环节，重点是复杂产品的多专业协同设计和仿真验证。其次，在制造过程中，重点优化关键生产过程。然后，在经营管理方面，重视对供应链的深度协调和优化。最后，在设备运维方面，重点是高价值设备的预测性维护。

7.4.2 流程工业侧重于复杂系统资产、产业链和价值链的优化

这类业务流程的特点是原材料和产品成本低、产品价值高、排放和能耗高、安全性好。由于其生产需要，该行业往往具有较高的自动化和信息化水平。现阶段平台应用主要是新应用，如所有优化流程的整合、新资产的管理，以及质量控制、能源效率和安全管理等传统方法的使用。包括以下四个要素。

首先是利用有价值的资产。例如，中化能源科技依托中化工业互联网平台，利用大数据、人工智能等技术对泵、汽轮机等设备的健康进行管理，了解产品故障诊断、预警预测和分析，每年降低近 1/6 的设备维护费用。

其次是通过优化原材料和生产管理流程来提高产量。例如，中石化依托平台对近 4600 个批次的石油原料进行分析建模，打造了 13 个典型操作类型，组成了操作样本库。通过计算和优化该方法的运行参数，燃料收率提高了 0.22%，辛烷值提高了 0.9，从而实现了对工艺的优化。

然后是提高能耗、排放和安全管理水平。例如，九钢集团为了降低成本，基于 Cloudiip 平台，通过大数据分析，计算各种设备和系统的能源数据，实现了能耗管理，单台高炉每年可降低成本 2400 万元，冶炼效率提高 10%。在工单开具过程中，通过身份识别、物联网等技术，实现工单"时、位、票、人"的管理，提高了安全管理水平。

最后是平台化的产业链与价值链融合协调。例如，为增强产品竞争力，推动向"跨基地生产共享合同"转型，宝武集团基于宝信工业互联网平台，将多地云平台集成到整个分布式平台系统中，通过生产与运营管理数据分析驱动多基地产销协同整合，实现整体产销能力的提升。

7.4.3 家电、汽车等行业以大规模定制、质量管理和后期生产服务为主

该类型行业大多生产功能相似、性能相近的同质化产品，在市场的同行业

之间有着较大的竞争压力。因此，在工业互联网平台应用上，创新应用侧重于大规模定制化全流程的系统优化，以及基于产品分析和大数据挖掘的后期生产服务。传统的应用更新以分析质量管理和大数据优化为代表，主要集中在以下三个方面：

首先是做大规模定制，通过产品的差异化提高利润水平。例如，提交定制请求、设计解决方案交互。

其次是拓展售后服务产品市场，提高产品附加值。例如，北汽福田汽车通过车联网构建基于客户"汽车生活"的生态系统，提供车队管理、汽车金融服务、数据服务、车货匹配、影音娱乐等增值服务。又如一汽集团，依托车联网，提供车载娱乐、路边救援、智能停车、车险等有价值的服务，目前已服务联网车辆 200 万辆。

最后是提高质量管理水平，降低不良品率。例如，美的 M.IoT 平台基于大数据自学习优化系统中的质量数据，将质量一次性合格率从 94.1%提升到 96.3%。

7.4.4 医药、食品等行业平台应用聚焦产品追溯和管理优化

医药、食品等行业十分关注产品的安全性，对产品的质量有着严格的要求。当商品进入市场后，往往存在销售困难、市场竞争压力大等问题，而这些问题同时也会导致该类型企业出现资金流不顺畅等风险，以及难以精准把控库存等问题。所以，平台应用主要以库存管理、销售和财务管理等基于云的数据分析软件应用为主，此外还有产品追溯等一系列有特色的创新应用。目前的重点是以下两个方面：

一方面是产品溯源，保障食品药品安全。例如，茅台酒厂通过浪潮品质连锁发布系统提供的酒瓶实时二维码，跟踪每瓶酒的生产时间、地点、原材料等

数据,确保酒质。

另一方面是提高库存水平、销售水平和财务管理能力。例如,今麦郎基于金蝶财务管理平台,规范业务流程,制定各项销售政策,实现对子公司的集团化业务管控。业务流程匹配率从40%提高到95%,销售政策执行有效性从90%提高到100%,财务现金流从10天降低到5天,库存延迟概率从100%降至5%,运营效率大幅提高。

7.4.5 电子信息制造业重点关注质量管理与生产效率提升

电子信息制造业对自身的产品质量有着很高的要求,注重产品的多样性,不断地进行产品迭代更新,产品的升级周期相对较短。目前平台应用主要以库存管理、云叠加数据分析软件等应用为主。同时,实现了模型驱动的深度数据分析或使用新技术的质量管理等应用。目前主要关注以下两个方面:

一方面是基于平台的大数据分析能力提升产品质量。例如,富士康基于表面贴装电子元器件生产平台,实现车间设备实时可视化、设计与生产协同、大数据智能决策,从而使得人均产量增长20%、产品良率提升33.3%。

另一方面是提高生产效率,优化库存,提高公司经营效率。例如,新华三集团基于紫光云引擎平台,连接印刷机、自动光学检测(Automated Optical Inspection,AOI)等设备,采集设备运行数据和流程数据,实现企业全流程数据集成。生产库存在以往三年中增加了50%以上,运营效率也得到了提高。

7.5 工业互联网的发展趋势

7.5.1 全球工业互联网平台保持活跃创新态势

全球工业互联网平台市场持续快速增长。GE(通用电气)、PTC(美国参数技术公司)、微软等众多大公司积极使用工业互联网平台,各类初创企业不断推动前沿平台技术的创新。而西门子、博世、SAP 等欧洲工业巨头,由于在制造业领域的领先优势,将继续投资工业互联网平台。中国、印度等新兴经济体的工业化需求不断推动亚太地区工业互联网平台的发展,亚洲市场增长最快,未来有望成为最大的市场区域。值得关注的是,以东芝、NEC(日本电气股份有限公司)为代表的日本企业,在平台研发和应用研究上,克制务实,取得显著成效,在近期工业互联网的发展中走在了前列。

7.5.2 我国工业互联网平台呈现蓬勃发展的良好局面

我国工业互联网平台建设不断发展,在工业各个领域的应用均有着不错的表现,初步形成多层次平台体系。一是众多知名的新型工业互联网平台陆续出现,目前全国有数百个不同的平台,具有特定区域和行业影响力的平台超过 50 个,包括海尔、宝信等传统工业技术解决方案公司搭建的满足转型发展需求的平台;还有徐工、TCL、富士康等大型制造企业,设立独立运营公司,专注运营的平台;也有昆仑数据、黑虎科技等创新公司根据自身特点搭建的平台。二是建立一套创新的解决方案和应用模式。例如,在研发设计方面,有基于产业知识生态的平台服务,包括数字化设计与制造集成、研发设计集成、产品运维等。在生产方面,富士康 ICT 设施的智能维护打造了多个平台解决方案;在业务管理方面,用友、金蝶等平台提供了云 ERP、云 CRM、云 MES 等服务;在应用模式创新方面,天正、商邦等企业探索了"平台保险""平台订单"等新模式和新业态。

7.5.3 工业互联网平台整体仍处于发展初期

与传统的工业运营技术和信息技术相比,工业互联网平台更加复杂,实施和使用难度更大。它需要在建设过程中对技术、资金和人力等提出更高的要求。面对基础薄弱、收效慢等诸多挑战,平台的建设将是一项长期、复杂的系统工程。第一，在技术领域，平台技术研发投入成本高，现有技术水平很难满足工业应用的全部需求；第二，在商业领域，平台市场至今还没有出现具有绝对垄断地位的企业，多数企业都正在寻找市场机会，促进自身发展；第三，在产业领域，需要进一步发展需要协同合作的平台产业生态。

从技术、商业、产业等不同领域出发，结合当前工业互联网所面临的挑战可以看出，工业互联网平台整体还仍处于发展初期。

第 8 章
数字产业化

　　数字产业化即产业化与数字化的结合，是数字经济发展的基础产业。数字产业化为数字经济的发展提供了技术、产品、服务等方面的支持。数字产业化涉及电子信息制造业、电信业、软件和信息技术服务业、互联网等行业，具体技术包括但不限于 5G、集成电路、人工智能、大数据、云计算、区块链、平台经济等，见下图。

　　2019 年数字经济稳步发展，据中国信息通信研究院白皮书统计，数字产业化增加值达到了 7.1 万亿元，约占 GDP 比重的 7.2%。数字产业化内部结构持续优化，软件业和互联网行业占比小幅提升；云计算、大数据、人工智能三个新型"硬科技"领域，基本达到普惠应用水平，并呈现出交融趋势；在网络基础设施建设方面，"十三五"期间，我国建成了全球最大的光纤网、4G/5G 网络。

```
                ┌── 5G ──────── • 华为  • 中兴通讯  • 大唐电信  • 中国移动  • 中国电信
                │                • 中国联通  • 中国铁塔  ……
                │
                ├── 集成电路 ── 设计环节：• 华为海思  • 紫光展锐  • 中兴微电子
                │                制造环节：• 中芯国际  • 华虹半导体
                │                封测环节：• 长电科技  • 通富微电  • 华天科技  ……
                │
                ├── 人工智能 ── • 阿里巴巴  • 百度  • 腾讯  • 华为  • 科大讯飞  • 华大基因
                │                • 海康威视  • 蚂蚁金服  • 字节跳动  • 京东  • 大疆创新
   数字产业化 ──包括但      • 小米  • 中科曙光  • 影谱科技  ……
                不限于
                ├── 大数据 ──── • 华为  • 腾讯  • 阿里巴巴  • 小米  • 美团  • 百度
                │                • 海康威视  • 滴滴出行  • 大华技术  • 神州信息  • 中科曙光
                │                • 广联达科技  • 拓尔思  ……
                │
                ├── 云计算 ──── • 阿里云  • 腾讯云  • 百度云  • 华为云  • 天翼云  • 光环新网
                │                • 金山云  ……
                │
                ├── 区块链 ──── • 阿里巴巴  • 中国联通  • 深圳壹账通智能科技  • 腾讯  • 百度
                │                • 华为  • 京东数科  • 前海微众银行  • 中国银联  • 趣链科技
                │                • 比特大陆  ……
                │
                └── 平台经济 ── • 阿里巴巴  • 腾讯  • 美团  • 携程  • 滴滴出行  ……
```

数字产业化图谱

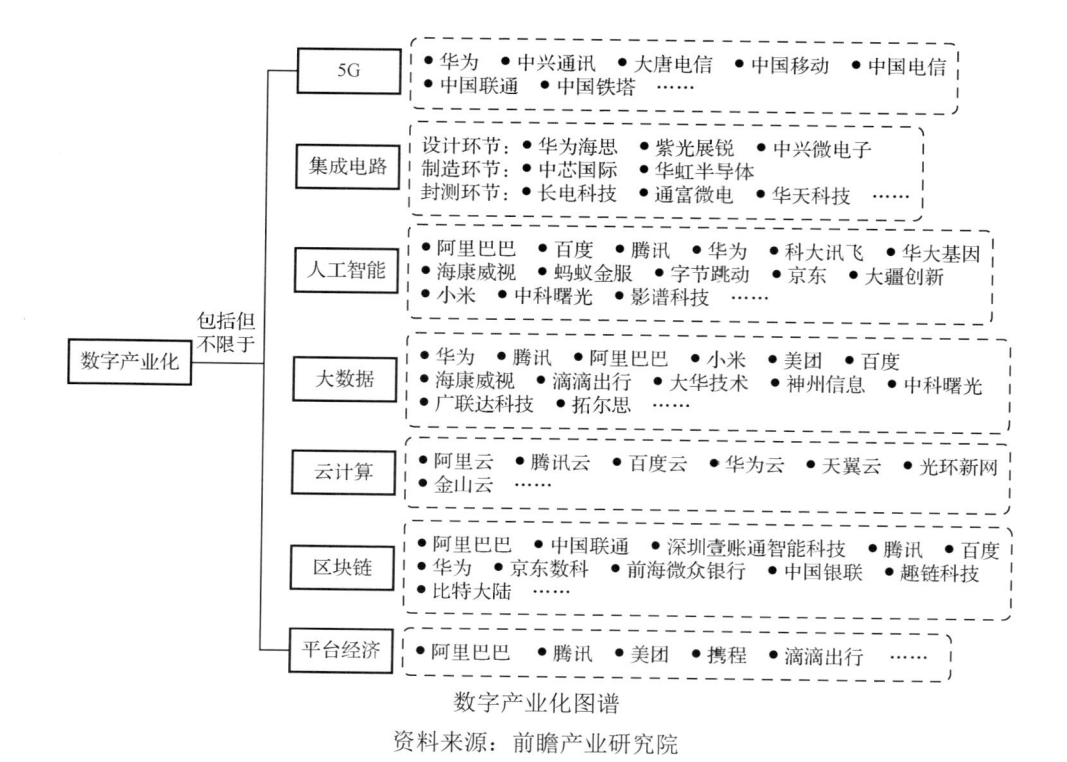

资料来源：前瞻产业研究院

8.1 电子产业：集成电路与芯片制造

作为全球信息产业的基础，资本驱动的集成电路产业逐渐成为衡量一个国家或地区整体科技竞争力的重要标志和区域经济的晴雨表。集成电路产品的广泛应用推动了电子时代的来临，也成为现代社会人们日常生活中必不可少的组成部分。

集成电路产业主要包括集成电路设计产业、制造产业、封装测试产业等。这是一个资本和技术密集型的产业。该领域的企业通常具有较强的技术研发能力、资金实力等。

一、2021年国内集成电路全行业销售额首次突破万亿元

我国集成电路产业虽起步较晚,但经过近20年的飞速发展,从无到有,从弱到强,已经在全球集成电路市场占据举足轻重的地位。根据中国半导体行业协会统计数据,2010—2019年中国集成电路产业销售额整体呈增长趋势,从2010年的1440.15亿元增加至2019年的7562.3亿元,这主要受物联网、新能源汽车、智能终端制造、新一代移动通信等下游市场需求驱动。

2021年,我国集成电路全行业销售额首次突破万亿元,达到10458.3亿元,同比增长18.2%。其中,设计产业销售额达到4519亿元,占总体行业比重为43.21%;制造产业销售额为3176.3亿元,占比为30.37%;封装测试产业销售额为2763亿元,占比为26.42%。

二、中国集成电路行业区域格局:核心区域产业空间初显

中国集成电路产业集群化分布的特征进一步显现,已初步形成以长三角、环渤海、泛珠三角为三大核心区域聚集发展的产业空间格局。

长三角地区是中国集成电路产业基础最扎实、技术最先进的区域,产业规模占全国半壁江山,设计、制造、封测(封装测试)、装备、材料等产业链全面发展。其中集成电路制造行业本土企业有中芯国际、华虹集团、合肥睿力、华润微电子等。

环渤海地区的集成电路产业目前发展的繁荣程度尚不能跟长三角地区相比,但潜力很大。环渤海地区是国内传统制造业中心之一,近年来产业升级的压力将使得高端制造业得到大力扶持并快速发展,该地区的集成电路制造业也将快速发展。

泛珠三角地区已经渐渐汇聚了众多行业领先的半导体公司,如华为旗下的海思半导体有限公司、中兴微电子、汇顶科技、敦泰科技等国产半导体公司,

使得整个地区的集成电路产业实现快速发展。

三、中国集成电路行业发展前景趋势分析

各下游新兴应用领域的快速发展，将带动国内集成电路行业持续发展。由于国家产业基金的注入，集成电路企业将更容易扩张规模、提高技术水平，做大做强。从国际上来看，集成电路行业是少有的几个能经受得住全球经济不景气考验的行业，未来全球经济即使依然疲软，集成电路行业也仍然可以取得较大发展。总体来看，国内集成电路企业经营前景较好。

随着全球经济的好转，预计未来国内外市场对我国电子整机产品的需求量将会越来越大。以手持移动智能设备和智能手机为代表的移动互联网设备市场规模将继续快速增长。PC领域的市场规模将逐渐缩小，这将直接影响内存市场和CPU市场的发展。

在汽车电子方面，随着人们生活质量的提升，越来越多的居民选择购买汽车，人均汽车保有量增加，市场增速在此过程中也将得到快速发展。工业控制和信息通信将继续成为未来市场的增长点。此外，随着各行业医疗电子、安防电子和信息化建设的不断深入，这些行业使用的集成电路产品市场占有率将会增加。

2018—2021年我国集成电路市场规模的复合增长率为17%，是同期全球增速的3倍多。整体来看，未来中国集成电路市场也将呈现快速发展的良好态势。估计到2026年，我国集成电路市场规模有望达到2万亿元左右。

8.2 通信产业：5G与卫星互联网

5G是第五代无线通信网络技术及其应用的简称，具有超高速、低时延、广连接等特点，是人工智能、物联网等数字经济前沿技术的前端技术。

根据中国信息通信研究院数据，预计 2025 年 5G 市场规模将达到 3.3 万亿元（参见下图），2030 年将达到 6.3 万亿元，复合增长率约为 29%。在间接产出方面，2025 年和 2030 年 5G 将分别带动 6.3 万亿元和 10.6 万亿元的增长，年均复合增长率为 24%。

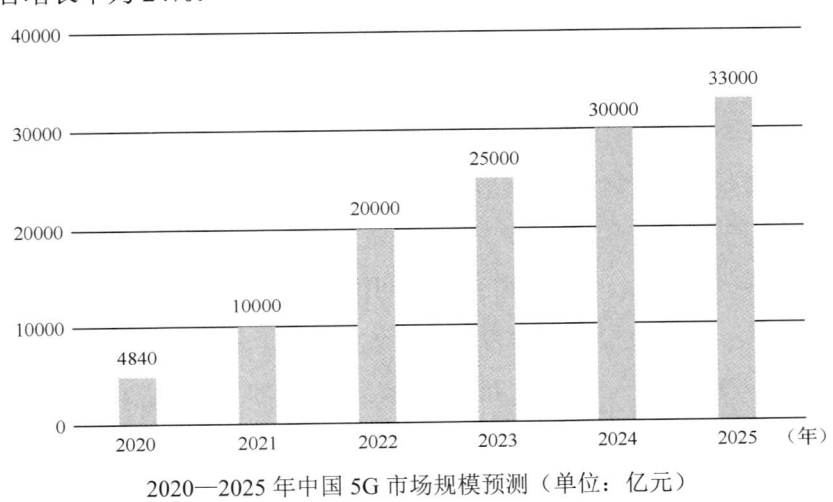

2020—2025 年中国 5G 市场规模预测（单位：亿元）
资料来源：中国信息通信研究院、前瞻产业研究院

5G 将带来网络化智能硬件设备的根本变革，产生超海量的数据资源，重构国家和城市新一代重要信息基础设施，推动从消费互联网向工业互联网的跨越。

8.2.1 卫星互联网

卫星互联网是基于卫星通信的互联网，通过一定数量的卫星形成规模组网，从而辐射全球，构建具备实时信息处理能力的大卫星系统，是一种能够完成向地面和空中终端提供宽带互联网接入等通信服务的新型网络。卫星通信与移动通信、地面光通信一样是现代通信的重要方式之一，具有低延时、低成本、广覆盖、宽带化等优点。

2020 年 4 月，卫星互联网首次作为重要的信息基础设施被纳入国家"新基建"政策支持的重点方向。信息基础设施主要是指新一代技术演化生成的基础设施，例如，以 5G、物联网、工业互联网、卫星互联网为代表的通信网络基础设施；以人工智能、云计算、区块链等为代表的新技术基础设施；以数据中心、智能计算中心为代表的算力基础设施等。我们认为，卫星互联网被纳入"新基建"范畴会为我国商业航天领域带来广阔的发展机遇，未来蓝海无限。

卫星互联网的发展历史可以追溯到 20 世纪 80 年代，至今已发展了 40 多年，主要经历了三个阶段的迭代升级。

第一阶段：企图替代地面通信网络的阶段（20 世纪 80 年代到 2000 年）。典型代表有美国摩托罗拉公司提出的"铱星"星座系统、美国劳拉公司等联合提出的"全球星"系统，轨道通信公司提出的"轨道通信"系统等。这个阶段主要以提供语音、低速数据、物联网等服务为主，后来随着地面通信系统快速发展，卫星互联网由于市场定位错误、技术复杂度高、投资过大、研发周期长以及系统能力弱等多方面原因，在与地面通信网络的竞争中宣告失败。

第二阶段：卫星成为地面通信网络补充的阶段（2000—2014 年）。上一代三大星座系统纷纷推出第二代计划，焕发出了新的生机。以新铱星、全球星等公司为代表，第二代星座系统在卫星数量、单星质量、功率等方面都进行了优化提升。这个阶段的主要定位是对地面通信网络的补充和延伸，同时也在极端条件下向航空、航海等用户提供移动通信服务。

第三阶段：卫星与地面通信网络融合的阶段（2014 年至今）。这个阶段随着运载火箭、材料工艺、毫米波通信等技术的创新与进步，以一网公司（OneWeb）、太空探索公司（SpaceX）等为代表的企业开始主导新型卫星互联网星座建设。卫星互联网与地面通信系统开始进行更多的互补合作、融合发展，向着高通量方向持续升级，卫星互联网建设逐渐步入宽带互联网时期。卫星互联网新技术加速发展，科技带动建设成本逐年降低。这一阶段的主要特征如下：

卫星设计和制造成本下降。卫星的设计和制造理念发生改变，卫星部件的模块化接口设计形成了通用的制造标准，为规模化制造提供了可能，使不同供应商提供的卫星部件之间能够相互操作。同时，材料、电源及加工制造等技术的进步使卫星小型化和组件化，加速了卫星研制成本的降低和迭代周期的缩短。

"一箭多星"技术使发射效率大幅度提升。"一箭多星"技术是一种目前较为先进的发射方式，即用一枚运载火箭同时将多颗卫星送入相应轨道，大幅提高了商业卫星发射的效率。SpaceX 公司最新一次的发射任务已经可以达到一箭 60 星的搭载数量，另外 SpaceX 的下一代重型运载火箭"星舰"每次能够将 400 颗 Starlink 卫星送至相应轨道，使成本降为原来的 1/5。2015 年我国长征六号火箭成功发射，创造了一箭 20 星的发射纪录，标志着我国已掌握分离释放、多星入轨等多项核心技术。

回收技术创新提高火箭重复利用率。火箭可回收技术，即从所有退役卫星等航天器上回收可用部件，实现资源的回收利用。以 SpaceX 为例，凭借成熟的火箭回收技术，"猎鹰 9 号"火箭可执行多次运载任务，第一次使用全新的火箭进行发射，报价为 6198 万美元，到第 10 次发射时报价为 2990 万美元，仅为首次报价的 48.2%。

多波束天线技术演进加快，助力卫星通信实现更广阔的区域覆盖。多波束天线技术是提高卫星通信能力的重要手段之一，其中相控阵技术与高速数字信号处理技术和电控有源元器件结合能够实现精准的波束指向控制和波束赋形。该项天线技术能够在提高卫星天线增益的同时，覆盖更加广阔的地面区域，是未来发展的核心方向。

8.2.2 卫星互联网与 5G 网络相辅相成

卫星互联网具有低时延、低成本、广覆盖、网速快的优点。

低时延：与传统光缆传输相比，卫星通信的速度非常接近光速的理论值，且能够达到几十毫秒（ms）级别的较低延迟，这在对时延较为敏感的行业具有重要的现实意义。据某专业的市场研究机构评估，在金融交易中，如果交易处理时间比竞争对手慢 5 ms，将损失 1%的利润，慢 10 ms 则损失扩大到 10%。同时据模拟分析，"伦敦—纽约"线路采用 Starlink 卫星可比地面光纤快 15 ms，而这毫厘之间的通信时延领先将会为金融行业带来非常可观的收益。

低成本：光缆的铺设不仅仅要考虑光缆本身的成本，还得考虑到海底和陆地的部署、维护、运营成本，尤其要考虑到一些偏远的国家和地区。而与地面 5G 基站和海底光纤光缆等通信基础设施相比，卫星的研发制造成本低而且可控，软件定义技术还可以进一步延长在轨卫星的使用寿命，整体建设成本低于地面通信设施。另外，现在部分偏远地区和特殊场景下的互联网接入用户仍依靠传统的卫星连接，资费非常昂贵，比如国泰航空的上网套餐资费为 10 美元/小时，地中海邮轮上最便宜的上网套餐价格为 10 欧元/小时。而如果想要享用 Starlink 卫星提供的互联网信号，只需要购买一个带有小天线的 Wi-Fi 路由器终端（价值 499 美元），每月支付 99 美元的月租费即可，这个价格分摊到多个用户后，将会使单个互联网接入用户所支付的资费大幅度降低。

广覆盖：卫星互联网的最终目的在于接入更多新的用户，并非要取代现有的基于陆地和海底光缆的网络基础架构。从移动用户覆盖面积来看，目前全球移动用户数已超过 80 亿，服务的人口覆盖率约为 70%，但受制于技术和经济成本等因素，只覆盖了约 20%的陆地面积，小于 6%的地球表面积，空白区域较大。从人口宽带普及率来看，2019 年中美人口宽带普及率分别为 31%和 40%，还有过半的人口未实现宽带普及，未来发展空间巨大。与 5G 相比，卫星互联网可以为这些身处偏远和落后地区的互联网用户提供服务，也能够在极端条件下向航空、航海等特殊用户提供移动通信服务，实现全球宽带的无缝通信。

网速快：高通量卫星技术日渐成熟，高频段、多点波束和频率复用等技术的使用显著提升了卫星通信能力，降低了单位带宽成本，能够满足高信息速率业务的需求，极大地扩展了应用场景。星链（Starlink）的理论带宽为 1 Gbps，而 5G 的带宽能够达到 1～2 Gbps，在带宽方面，5G 具有相对优势。目前 Starlink 提供的下载速度均在 30 Mbps 以上，最高甚至能达到 60 Mbps；上传速度波动较大，但也基本能保证在 10 Mbps 左右，这意味着用户不仅可以流畅地观看超高清视频，还可以同时玩网络对战游戏。虽然星链网速和 5G 的网速还有一定的差距，但是与 4G 网速相比差距已经不大。

综上，5G 和低轨卫星通信不会相互替代，在未来会是互补融合的合作关系。首先，5G 在带宽和时延方面具有明显优势，但因 5G 的频谱效率较高，导致其信号覆盖范围相应较小，基站建设量巨大；而以星链为代表的低轨卫星通信能够在覆盖空间和场景等方面弥补目前存在的空白区域，我们认为两者在未来将会是互补融合、相辅相成的合作关系。

8.3 大数据产业：人工智能与智能硬件

工业和信息化部发布的《"十四五"大数据产业发展规划》提出，到 2025 年，我国大数据产业测算规模将突破 3 万亿元，年均复合增长率保持在 25%左右，创新力强、附加值高、自主可控的现代化大数据产业体系基本形成。

近十年来，我国人工智能取得了长足的发展，以计算机视觉、语音识别等为代表的感知智能已经走在了世界前列。自 2015 年开始，我国人工智能产业规模逐年上升，已形成了较为完整的产业体系。

根据国务院发布的《新一代人工智能发展规划》要求，到 2020 年人工智能核心产业规模超过 1500 亿元，2025 年人工智能核心产业规模超过 4000 亿元。

根据工业和信息化部数据，当前我国人工智能核心产业规模超过 5000 亿元，企业数量接近 4000 家（截至 2023 年 2 月）。

人工智能与交通、医疗、城市安全、教育等相互融合，将使各个行业快速实现智能化，切实融入人们的生活。

人工智能推动人与智能机器交互方式的变革，智能终端设备的应用将逐渐普及，人们将会以更加自然的方式和智能机器交流，未来人机交互方式也会更加多元、无处不在。

人工智能为 IT 基础设施带来巨变。传统的 CPU、操作系统、数据库将不再处于舞台的中央，而新型的人工智能芯片、便捷高效的云服务、应用开发平台、开放的深度学习框架和通用的人工智能算法，将成为新的基础设施。下一阶段人工智能将作为数字经济融入实体经济的催化剂，成为中国数字经济发展的核心驱动力。

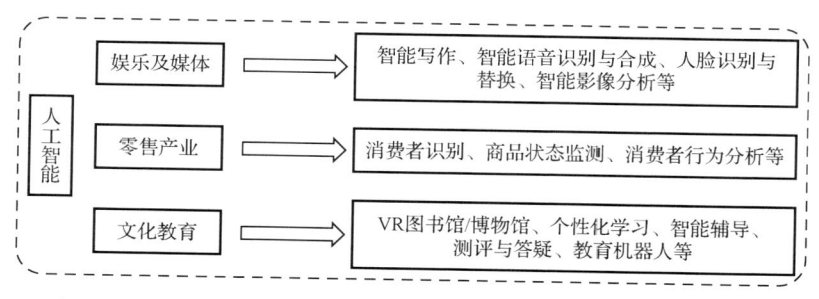

人工智能催生行业新业态图谱（娱乐及媒体、零售产业、文化教育）

一、传媒娱乐

根据普华永道统计数据，2015—2019 年中国娱乐及媒体行业市场规模逐年攀升，2019 年中国娱乐及媒体行业市场规模达到约 340 亿美元；其中在 2018 年中国娱乐及媒体行业的数字收入占行业总收入的比例已经达到 70%。

根据普华永道 2022 年的统计预测，中国娱乐及媒体行业 2026 年收入将达约 5269 亿美元，未来 5 年的复合年增长率为 5.7%，高于全球的 4.6%。其中，在虚拟现实（VR）、互联网广告、视频游戏及电子竞技等细分领域，中国的平均增速将领先全球。

同时，根据中国新一代人工智能发展战略研究院调研数据，2019 年中国人工智能企业中涉及娱乐及媒体领域的占比为 9.8%，预计到 2025 年，人工智能技术对中国娱乐及媒体市场产生的直接经济产出规模将达到约 392 亿元。

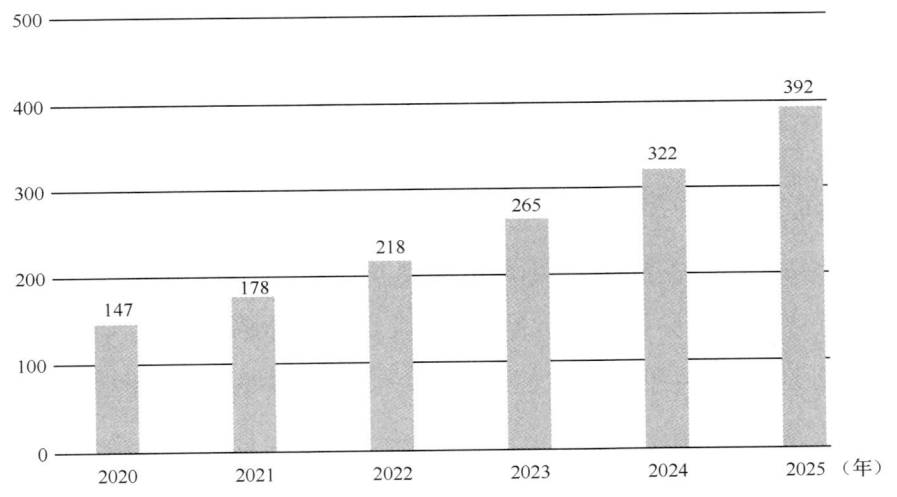

2020—2025 年人工智能技术对中国娱乐及媒体市场产生的直接经济产出规模（单位：亿元）
资料来源：中国新一代人工智能发展战略研究院、前瞻产业研究院

媒体行业正处于融合发展的深水期和战略转型期，随着人工智能应用的逐渐普及以及人工智能与媒体行业的不断融合，人工智能对娱乐及媒体行业带来的影响是深远的，推动着娱乐及媒体行业运作流程中每个环节的变革，人工智能正成为娱乐及媒体行业向纵深融合的关键着力点，为娱乐及媒体行业向智能化发展赋能。

（一）图像和视频识别技术

基于计算机视觉、知识图谱技术的图像识别及分析技术是人工智能重要的技术领域。图像和视频识别可以基于深度学习进行大规模数据训练，对于视频中的物体和场景进行识别并输出结构化标签，从关键帧中提取出表达意义，其终极目标是使计算机能像人类一样"理解"图像，生成全新的视觉或创意内容。

国内媒体积极地将这一技术作为媒体内容生产方式的创新进行推广，例如，新华社的"快笔小新"、南方报业的"小南"、影谱科技的"虚拟主持人"等。

（二）语音技术

人工智能语音技术主要包括语音识别和语音合成，它是一种基于"感知"的智能。自动语音识别（ASR/AVR）是基于训练的自动语音识别系统，将物理概念上的音频信息转换为机器可以识别并进行处理的目标信息（如文本等）。

语音合成技术通过深度学习框架进行数据训练，从而使得机器能够仿真发声。一些智能语音开放平台也提供了智能语音服务。例如，科大讯飞语音输入法的准确率已经能达到98%，百度"小度"金融互动服务覆盖率超过50%。

（三）AI+传媒典型企业

影谱科技作为AI视频产业的头部企业，具备完整的AI生成技术体系及产品框架、应用实例，是典型的数字经济企业。

影谱科技正在合作探索如何利用人工智能和机器学习构建AI视频生态。

从技术实践上看，其技术平台可以将拍摄的视频内容转化为具备逻辑、预测、检索、关联的数字图像帧，并形成知识图谱结构，成为文创数字经济的"原材料"。

在传媒娱乐领域，影谱科技推出虚拟主播、新闻可视化等贴近应用场景的产品及服务，其技术原理是基于语义分析和深度学习模型，进行新闻内容的语义分析，自动抽取新闻内容中的关键信息，并生成指定长度的可视化新闻，例如，生成热点新闻视频、短视频推荐、虚拟人播报等产品。

在业务实践中，数字人的应用前景不可估量，正逐步以参与人的身份进入数字经济生态。影谱科技的数字人解决方案已在传媒、科教、体育、短视频、流媒体等产业获得广泛合作。典型的做法是，通过动作捕捉系统，自动化生成数字人的自然头部动作、表情和身体动作，使其具备自然语言交互能力；通过包括 3D 人脸建模技术及神经网络渲染技术的 3D 成像系统，完成更加灵活的人脸重现，生成更加逼真的换脸视频，让艺术画、雕塑、漫画中的人脸动起来。

在与传媒、电影工业、影视综艺等传统行业深度融合的过程中，影谱科技的 AI 生成技术实践了大量的新商业模式，还尝试了角色替换、赛事分析、信息可视化等新业务场景。例如，与光明网合作进行数字履职可视化，大量传媒平台采纳无缝换角、无缝换景等新技术场景，从而提升传媒与娱乐数字化进程。

二、新零售

根据国家统计局数据，2015—2019 年中国社会消费品零售总额及实物商品网上零售总额持续增长。2020 年 1 月到 9 月，受新冠疫情的影响，中国社会消费品零售总额累计为 27 万亿元左右，同比下降 7.2%；实物商品网上零售总额累计为 6.7 万亿元左右，同比增长 15.3%。预计到 2025 年，社会消费品零售总额将达到 56.9 万亿元左右。

网上零售总额受新冠疫情影响较小，预计到 2025 年实物商品网上零售总额将达到 19.7 万亿元左右。

人工智能等数字技术赋能零售产业提供商品和服务的价值链全过程，其目标指向了快速和精准的零售服务，让客户触达、客户链接和客户洞察变得简单和充分，从而触发了零售商业模式的创新发展，顾客体验实现前所未有的优化升级。

数字经济大变革

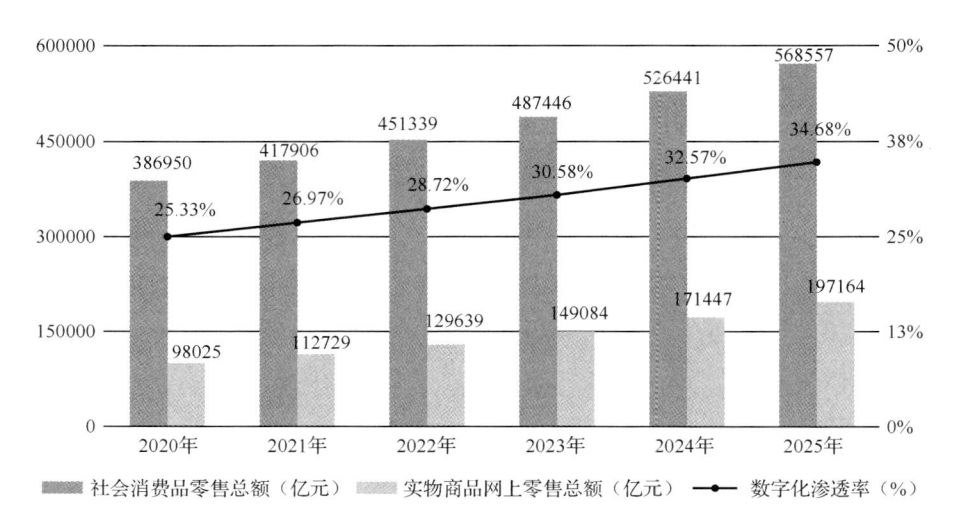

2020—2025年中国零售市场规模及数字化渗透率（单位：亿元，%）

资料来源：前瞻产业研究院

年份	社会消费品零售总额（亿元）	实物商品网上零售总额（亿元）	数字化渗透率（%）
2020年	386950	98025	25.33%
2021年	417906	112729	26.97%
2022年	451339	129639	28.72%
2023年	487446	149084	30.58%
2024年	526441	171447	32.57%
2025年	568557	197164	34.68%

人工智能等数字技术赋能零售产业，不是单纯的企业信息化升级或增加电商渠道，而是零售企业通过数字技术与业务、经营管理的深度融合，围绕顾客重构整体价值链和生态体系，基于数据流的加速传递、价值深挖和创造的良性迭代循环，逐步建立从"一切业务数据化"到"一切数据业务化"，再到"一切业务用数据说话"的能力，驱动企业增长模式的重塑。

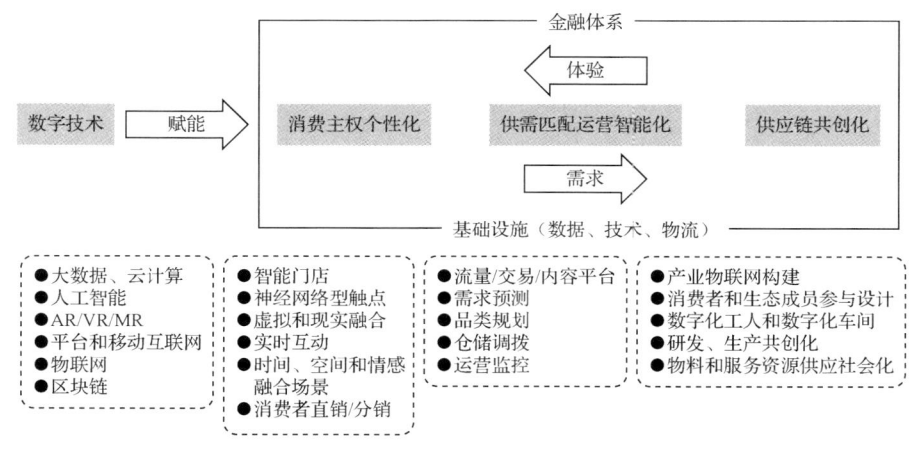

人工智能等数字技术赋能零售产业

资料来源：毕马威、中国连锁经营协会、前瞻产业研究院

根据中国新一代人工智能发展战略研究院调研数据，2019年中国人工智能企业中涉及商业智能和零售的企业占比为6.7%，预计到2025年，人工智能技术对中国零售市场产生的直接经济产出规模约为269亿元。

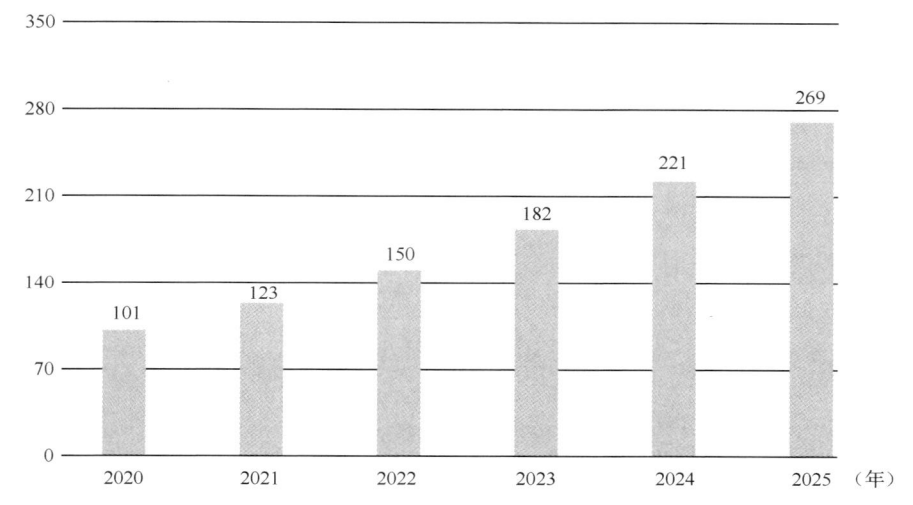

2020—2025年人工智能技术对中国零售市场产生的直接经济产出规模（单位：亿元）
资料来源：新一代人工智能发展战略研究院、前瞻产业研究院

在2020年的进博会（中国国际进口博览会）现场，不少企业还搭建起数字直播间，将展馆延伸到线上，与场外消费者"零距离"互动交流。与此同时，众多企业也采用线上"云签约"方式，与世界各地的合作方线上敲定合作，通过云上赋能的形式，带给企业实实在在的收获。

影谱科技推出的数字3D成像系统，可通过视觉与智能技术构建数字化商铺，对海量商品进行数字化重建，并通过智能化推荐构建个性商业新场景，多维可视化创造全新沉浸式购物体验，为零售业提供虚拟主播、数字孪生、AI视频生成及管理等服务。

三、5G产业

根据中国联通与中兴通讯发布的《"5G+人工智能"融合发展与应用白皮书

（2019）》，人工智能对 5G 的影响体现在提升 5G 网络关键能力和赋能 5G 网络构架中。

人工智能提升 5G 网络关键能力主要表现在 5G 网络的三大关键技术方面：资源分配技术、流量分类技术和业务预测技术。

5G网络关键技术	具体分析
资源分配技术	5G网络切片机制帮助实现网络资源的合理分配，目前为了实现用户的动态资源分配，许多人工智能算法已经被应用到了5G资源管理中。例如遗传算法、神经网络学习、蚁群优化等算法被广泛应用于无线资源的动态规划、自动优化等
流量分类技术	基于深度学习的流量分类是利用深度学习技术对网络上的大量流量进行智能分类的方法之一。基于深度学习的流量分类可以对通信网络上的海量流量数据进行模式学习，构建流量分类模型，从而实时提供更高效的网络性能，同时，流量分类技术对网络管理环境的智能构建具有更高的效率和准确性
业务预测技术	目前，利用人工智能进行业务预测已经成为5G网络监督和管理的重要组成部分。由于5G业务量巨大，网络中受影响的因素较多，人工智能精准的业务预测可以广泛应用在5G网络中。及时有效的业务预测是5G网络调度自动化和优化的核心基础

人工智能提升 5G 网络关键能力

资料来源：中国联通、中兴通讯，前瞻产业研究院整理

四、"5G+人工智能"典型应用场景

以视频产业为例，"5G+人工智能"技术的结合将驱动视频产业快速发展，创造出更多的细分场景需求。在 AI 和 5G 双重技术红利下，视频生产和传输效率极大提高，视频影像正走进一个产业周期中的快速上行通道，同时刺激中国文化及传媒行业的进阶发展。结合 5G 技术，智能影像生产技术能更深度赋能产业，获得多维度、多场景的应用升级。

部分企业已经开始使用 AI 技术辅助视频内容生产，以满足 5G 时代大规模的视频内容生产需求，并帮助解决图像质量问题。

影谱科技凭借在 AI 领域和视频影像行业的深厚积累，率先推出了智能影像引擎 AGC。与传统视频生产相比，影谱科技的 AGC 解决方案融合了人工智能多模态语义理解，并利用深度学习实现视频自动化加工和视频的同步生成，这是一种全新的智能影像生产方式。

8.3.1 呈现高成长高融合特征

"十三五"期间,大数据产业在我国快速发展。据2023中国国际大数据产业博览会新闻发布会相关数据显示,2022年我国大数据产业规模达1.57万亿元,同比增长18%,成为推动数字经济发展的重要力量。

"我国大数据产业发展表现为高成长性和高融合性"。行业专家高婴劢介绍道,"十三五"期间,大数据产业年均复合增长率远高于同期国民经济增长水平,覆盖数据全生命周期的大数据产品和服务体系基本形成。大数据产业发展与经济社会数字化转型深度融合,大数据产业提供了丰富的数字化技术、平台和解决方案,又通过数字化转型市场的牵引,进一步增强了产业供给能力。

此外,各地方政府都把大数据相关产业作为发展数字经济的重要抓手,将其写入发展规划中,同时鼓励地方龙头企业进行数字化转型。"十三五"以来,珠三角、河南、重庆等8个国家大数据综合试验区先行先试,设立了11个大数据相关领域示范基地,强有力地推动了大数据产业集聚,形成规模经济和范围经济,为数字产业化提供了契机,大数据行业集聚示范效应显著增强。

8.3.2 通过补短板释放数据价值

虽然近年来我国大数据产业发展非常迅速,但也仍然存在一些重要的问题。行业专家高婴劢坦言:我国大数据产业发展的关键核心技术缺失,创新成果转化效率不高;产业供给能力有待增强,面向更加综合化的需求,高端产品和深层次应用解决方案有待完善;大数据思维和应用能力仍待提升。

工业和信息化部科技司司长谢少锋在接受采访时表示,目前,全社会对大数据认识参差不齐,相当比例的企业、部门、人员缺乏"用数据说话、用数据决策、用数据管理、用数据创新"的大数据思维,导致数据价值难以充分释放。同时,大数据产业发展也面临着突出的人才短板,掌握大数据技术又对行业业务深入把握的复合型人才更加稀缺。

《"十四五"大数据产业发展规划》围绕加快培育数据要素市场、发挥大数据特性优势、夯实产业发展基础、构建稳定高效产业链、打造繁荣有序产业生态、筑牢数据安全保障防线 6 个方面提出了重点任务，设置了数据治理能力提升、重点标准研制及应用推广、工业大数据价值提升、行业大数据开发利用、企业主体发展能级跃升、数据安全铸盾 6 个专项行动。

在加快构建全国一体化大数据中心体系、推进国家工业互联网大数据中心建设的同时，应注重数据标准规范建设与贯彻应用；应鼓励数据治理企业尤其是具有深度行业属性的数据治理企业发展，强化数据治理价值认同；应鼓励企业培养信息技术与业务复合型人才，将业务发展与大数据挖掘应用有机融合，提升大数据价值。

《"十四五"大数据产业发展规划》针对大数据产业发展现状，明确了新方向新路径。发展数字经济，大数据产业是主体、是根本、是关键。"十四五"时期是我国加快建设制造强国、质量强国、网络强国、数字中国的关键时期，对大数据产业发展提出了新的、更高的要求，产业也将步入集成创新、快速发展、深度应用、结构优化的新阶段。《"十四五"大数据产业发展规划》的主要亮点可以归纳为顺应新形势，明确新方向，提出新路径。为推动大数据产业高质量发展，《"十四五"大数据产业发展规划》提出了"以释放数据要素价值为导向，以做大做强产业本身为核心，以强化产业支撑为保障"的路径设计，增加了培育数据要素市场、发挥大数据特性优势等新内容，将"新基建"、技术创新和标准引领作为产业基础能力提升的着力点，将产品链、服务链、价值链作为产业链构建的主要构成，实现数字产业化和产业数字化的有机统一，并进一步明确和强化了数据安全保障。

8.4 互联网产业：消费互联网与产业互联网

互联网可以划分为产业互联网和消费互联网，虽然时至今日，在互联网领域两者也没有较为官方的统一定义，但是，一般来说，产业互联网针对的用户是企业，或者可以说是商家，是一种新的经济形态。

产业互联网其实就是虚拟企业实行的虚拟化经营，也就是保留企业最重要的运行机制，通过各种外力（业务外包等）实现利益最大化的资源整合，保证企业在竞争中的最大优势，同时确保企业在整条生产线上的输入和输出得到最大的优化效果。

相对来说，消费互联网面向的是普通消费者，宏观上定义就是围绕满足消费者的个人体验展开的互联网经济。例如，衣食住行、休闲娱乐等服务于人的消费活动。消费互联网实现了服务全面线上化，本质就是个人虚拟化，以提高个人的生活质量和生活体验为主开展服务，以追求满足人的精神和物质需求为终极服务目的，同时也拓展出一系列多种形式的经济活动。消费互联网在社会上具有相当的时效性和共享性，该互联网经济的消费模式以互联网这个虚拟化平台为基础架构，产生有价值的、适合在该模式下流通的"商业爆品"，强调线上与线下互为依仗，实现产品和流量的输出，再将流量与商业进行引流导入，最终实现流量变现的目的。

虽然产业互联网与消费互联网的差异性很大，但是两者并不能被完全分割开来，两者都基于"互联网+"模式，在客户需求和企业供给等方面具有共通性，并具备一条完整的产业线，通过这条产业线可以实现对双方的有利输入和输出，达到双赢的终极目的。所以，产业互联网和消费互联网将在很长的一段时间以互生共存、相互促进的方式在中国互联网经济中寻求发展和突破。那两者之间又有什么样的差别呢？

用户主体不同：消费互联网重在提升个人消费者的用户体验，强调在消费过程中的良好体验。而产业互联网以生产厂商为主要服务对象，通过提升生产、流通、交易等相关环节的生产效率来降低生产成本，提高产品竞争力，增加企业利润率。

发展动因不同：人们生活便捷度和舒适度的提高是促使消费互联网迅速发展的主要动力；而产业互联网的发展则是由于它能够大幅提升产业生产效率，降低生产成本。

商业模式不同：消费互联网是"眼球经济"，即以提升用户体验为主；而产业互联网以"价值经济"为主，也就是将传统企业与互联网融合，寻求更加高效的生产方式，创造出包括但不限于流量的更高价值的产业形态。

核心内容不同：消费互联网是面对个人终端的，解决的是衣食住行的问题；产业互联网不仅仅是企业内部的互联网化，而且通过在研发、生产、交易、流通和融资等各个环节的网络渗透，达到提升效率、优化资源配置的目的。产业互联网更是产业链的互联网化，旨在打通上下游，站在产业角度重塑企业核心竞争力。

产业互联网的三个重点：

生产制造体系——以用户为导向的个性化设计；

销售物流体系——线上线下一体化是主要趋势；

融资体系——供应链金融与互联网金融。

第 9 章 产业数字化

产业数字化是指在新一代技术的支持下,把数据作为关键要素,以数据赋能为主线,对产业链上下游的生产要素进行数字化升级、转型和再造的过程。包括但不限于工业互联网、智能制造、车联网等融合型新产业、新模式、新业态。

产业数字化转型由单点应用向连续协同演进,传统产业利用数字技术进行多方改造,数据集成、平台赋能成为推动产业数字化的关键。根据中国信息通信研究院统计数据,2019 年我国产业数字化增加值达到 28.8 万亿元,占 GDP 的比重提升至 29.0%,其中工业互联网、智能交通等领域增速较快。

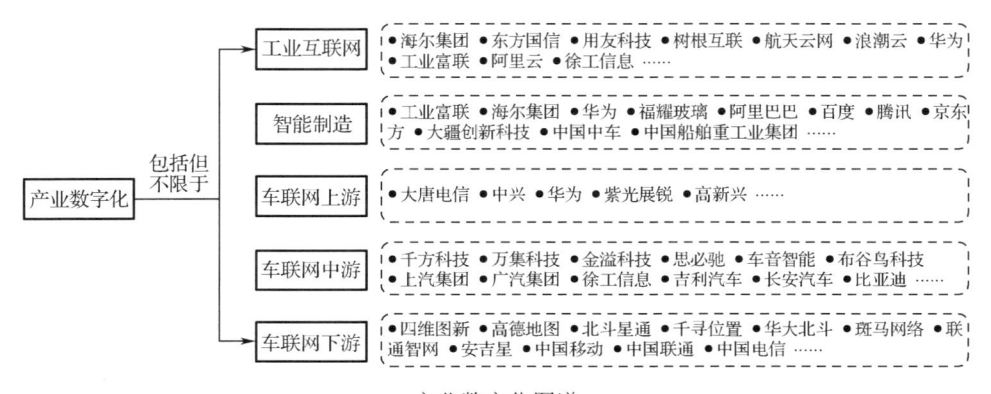

产业数字化 —— 包括但不限于：

- **工业互联网**：海尔集团、东方国信、用友科技、树根互联、航天云网、浪潮云、华为、工业富联、阿里云、徐工信息……
- **智能制造**：工业富联、海尔集团、华为、福耀玻璃、阿里巴巴、百度、腾讯、京东方、大疆创新科技、中国中车、中国船舶重工业集团……
- **车联网上游**：大唐电信、中兴、华为、紫光展锐、高新兴……
- **车联网中游**：千方科技、万集科技、金溢科技、思必驰、车音智能、布谷鸟科技、上汽集团、广汽集团、徐工信息、吉利汽车、长安汽车、比亚迪……
- **车联网下游**：四维图新、高德地图、北斗星通、千寻位置、华大北斗、斑马网络、联通智网、安吉星、中国移动、中国联通、中国电信……

产业数字化图谱

产业数字化的意义：

微观——数字化助力传统企业蝶变，再造企业质量效率新优势。传统企业迫切需要新的增长机会与发展模式；快速迭代及进阶的数字科技为传统企业转型升级带来新希望；传统企业成为数字科技应用创新的重要场景。

中观——数字化促进产业提质增效，重塑产业分工协作新格局。提升产品生产制造过程的自动化水平和智能化水平；降低产品研发和制造成本，实现精准化营销、个性化服务；重塑产业流程和决策机制。

宏观——孕育新业态、新模式，加速新旧动能转换。数字科技的广泛应用和消费需求的变革催生出共享经济、平台经济等新业态和新模式；促进形成新一代信息技术、高端装备、机器人等新兴产业，加速数字产业化形成。

9.1 数字经济与乡村振兴

乡村振兴战略是习近平总书记于 2017 年 10 月 18 日在党的十九大报告中提出的国家战略。党的十九大报告指出，"三农"（农业、农村、农民）问题是关系国计民生的根本性问题，必须始终把解决好"三农"问题作为全党工作的重中之重，实施乡村振兴战略。

继我国实现全面脱贫后，乡村振兴这项伟大工程开始全面启动。2021 年 2 月 21 日，《中共中央 国务院关于全面推进乡村振兴加快农业农村现代化的意见》，即中央一号文件发布，这是 21 世纪以来第 18 个指导"三农"工作的中央一号文件；2021 年 2 月 25 日，国务院直属机构国家乡村振兴局正式挂牌。2021 年 3 月，《中共中央、国务院关于实现巩固拓展脱贫攻坚成果同乡村振兴有效衔接的意见》正式发布，提出重点工作。2021 年 4 月 29 日，十三届全国人大常委会第二十八次会议表决通过了《中华人民共和国乡村振兴促进法》。

乡村振兴的目标是要实现"五个振兴"：产业振兴、人才振兴、文化振兴、生态振兴、组织振兴，真正将农村建设成民风淳朴、治理有效、生活富裕、生态宜居的美丽乡村。

产业振兴是实现乡村振兴的首要和关键，只有把乡村的产业发展做好才可以真正实现乡村振兴战略的科学、持续、健康发展。数字经济浪潮正在全面席卷各个产业，实现乡村产业振兴与数字经济深度融合是必然的发展趋势。

农业发展的好坏关系到国家的粮食安全，农村建设的快慢关系到国家的现代化进程，农民富裕的程度关系到民族复兴的伟大梦想。"三农"工作的数字化建设是建成社会主义新农村的关键所在。

发展乡村数字经济，首先要解决人口规模与资源短缺之间的矛盾，而这个矛盾在农业领域表现得尤为突出。在数字技术快速发展的背景下，将农业与数字技术相互结合的数字农业应运而生。产业数字化的重点是将数字化的信息作为新的生产要素，与相关产业进行结合。而数字农业就是将数字化信息作为生产要素与农业结合，用数字信息技术对农业对象、环境和全过程进行可视化表达、数字化设计、信息化管理的新兴农业发展形态，是数字经济范畴下用数字化重组方式对传统产业进行变革和升级的典型应用之一。

传统农业主要根据感性经验来决策和判断，主要强调以"人"为核心，这就导致了农业生产低效率、高不确定性和产品质量无法控制等问题。而在数字农业模式中，通过数字化设备（如田间农业摄像头、温度感受器、土质监控仪、农业无人机等）获取实时数据，为生产决策提供数据参考。通过全过程监控，生产者能够更加精准地控制生产过程，同时也可以提高农户工作效率和有效耕作面积，进而提高农户收入。

按照现在的主流观点，数字农业是农业物联网、农业大数据、精准农业和智慧农业四个概念的组合。

数字经济大变革

一、国内外数字农业的发展历程

国外计算机技术在农业上应用的发展阶段：

20 世纪 50～60 年代，计算机技术发展初期，相关技术在农业上应用的重点是对农业数据的科学计算，用于促进农业数据的量化。

70 年代，计算机技术进一步发展，相关技术在农业上的应用重点是用计算机处理农业数据，开始建立农业数据库。

80 年代，以农业知识工程、专家系统的研究为重点。

90 年代，应用网络技术，开展农业信息服务网络的研究与开发。

21 世纪，移动互联网飞速发展，采用标准化网络新技术，进入三维农业信息服务标准化网络连接的新阶段。

发达国家通过计算机网络、遥感技术和地理信息系统技术来获取、处理和传递各类农业信息，目前已进入实用化阶段。相对于发达国家，中国数字农业起步较晚，早期发展以政府政策引导和资金支持为主。

1990 年，科技部推出"863"计划，支持计算机研究农业智能应用系统，包括"鱼病防治""苹果生产管理专家系统"在内的 5 个专家项目研究平台，研发了 200 多个实用专家系统，并在全国 22 个示范区应用。

"七五"期间，国家领导人提出了发展"数字中国"的战略。随后，数字技术在农业、城市规划、水利基础设施等领域应用的探索在中国全面开展。

2003 年，国家"863"计划将"大规模现代化农业数字化技术应用研究与开发"列为重大科技专项，并取得阶段性成果。

从 2013 年开始，原农业部在安徽等三省市率先进行了物联网区域试验工程，在农业全过程数据化和物联网应用等方面进行了探索。

2015年，随着大数据技术的进步及其在经济领域战略地位的提高，大数据在农业方面的运用成为了新的焦点。同年年底，原农业部发布了关于推进农村大数据发展的实施意见，这份文件为"农业+大数据"的发展指明了方向，同时也为大数据在"三农"问题的解决上提供了政治基础。

2017年，原农业部正式设立"数字农业"专项，加快中国农业的现代化、数字化进程。

在各级政府对数字农业的引导和支持下，众多企业在农业信息采集技术、农业问题远程诊断、数字化农业宏观监测系统等方面的研究应用上，都取得了不错的成效，通过不同类型地区的应用示范，初步形成了中国数字农业的技术框架、技术体系、应用体系和运行管理体系，加快了中国农业信息化和农业现代化进程。

根据相关报告，2020年全国县域数字农业农村发展总体水平达到37.9%，其中，农业生产数字化水平达到22.5%。中国农业生产数字化改造虽然快速起步，但和国际发达国家相比，还有很长一段路要走。

二、数字技术助力传统农业转型升级

（一）物联网

农业生产过程实时数据采集是农业数字化的基础部分，物联网技术在农业领域有着广泛的应用。物联网的农业解决方案，通过对现场数据的实时采集分析和指挥机制的安排，达到提高运营效率、扩大收入、减少成本的目的。精准农业、智能灌溉等基于物联网的应用将促进农业工作流程的改进。同时，物联网技术可以解决农业领域的特殊问题，构建基于物联网的智能农场，实现农作物质量和产量的双丰收。

（二）大数据

决策数字化，全面提升生产效率。万物互联在推动海量设备接入的同时，也将在云端生成海量数据。而想要挖掘这些由物联网产生的大数据中所含的隐藏信息，一个有效的方法就是利用人工智能。物联网最核心的商业价值就是将这些海量的数据进行智能化分析、处理，从而生成基于不同商业模式的各类应用。

（三）人工智能

潜力巨大，激活农业高效发展。在种植领域，利用人工智能有望提高粮食产量、减少资源浪费。在养殖领域，利用人工智能可以有效降低因动物疾病造成的损失。人工智能缩短农业研发进程，在实验室和研究中心，机器学习算法能够帮助培育更好的植物基因，创造更安全、更高效的农作物保护产品和化肥，并且开发更多的农产品。

三、中国数字农业面临的四大难题

我国的数字农业还处在较为初级的阶段，大量硬件配置投入还没有解决农业的根本问题。很多地方的数字农业基本建设存在"增收不增利"、智能化定义和实际工作环境脱轨等诸多问题。主要包含以下几点：

（一）重硬件，轻软件

地方政府与农户都容易混淆数字农业和农业机械自动化这两个概念。数字农业与农业机械自动化的核心区别在于农业机械自动化用机器代替人工工作，而数字农业用数据驱动设备，完成自动操作和智能调整。没有数据和应用程序的物联网技术其实不过是专用工具，与农业机械并没有本质的区别。只有打通平台之间的壁垒，才能开启大数据、智慧农业和数字经济的大门。

（二）有数据，没智慧

数据是数字农业的基础资源。近年来，大量政府部门与公司在数据采集方面倾注了极大的心血。但由于缺乏很明确的业务方向和必要的数据专业技能，收集数据的质量管理、分析、加工模型与应用相对落后。数据的获得与应用是一个双向交互的过程，需要不断尝试用数据创造业务价值，才能搭建更有价值的数据采集方式。

（三）数字经济薄弱

当前中国数字农业的绝大部分应用还停留在生产环节，严格来说处于"现代农业3.0"的初级阶段，产业链其他环节的信息化和经济化程度较低。虽然农业农村部提出了"全产业链"的农业大数据发展路径，但是尚未能充分激发产业链其他环节的潜力，农产品电商的经营方式也还未开始数字化尝试。

（四）产品化能力弱

近年来，农业数据服务企业层出不穷，但农业生产经营主体的服务能力普遍不足，产品市场化困难。数据产品的服务能力严重依赖数据质量，随着高价值数据的不断积累，有望提升产品实用性。只有持续打造有生命力的数据产品，才能撬动庞大的农业数字化市场。

四、未来数字农业的发展趋势

以数字化为特征的"现代农业4.0"是毋庸置疑的未来方向，数字农业将带来更高的产业效率，更公平的价值分配，更可持续的发展方式。我们认为中国数字农业的发展将呈现以下六大趋势：

（一）数据供应定制化

数据资源是发展数字农业的基石。目前中国数字农业面临数据采集成本较高的困境。随着数据思维深入人心，数据采集的组织成本将大幅下降；随着农业物联网的升级换代、公共数据的不断开源以及从业者信息化水平的提升，数据采集的显性成本将不断减少。未来所有的农业产业单元都将拥有定制化的数据供应系统。而且，数据仓库里的静态数据资源将随着数据拥有者数字化能力的提升而不断流入产业链，通过交换、融合或再生，不断创造价值，实现业务的数字化驱动。

（二）数据模型国产化

发现数据价值是数字农业发展的动力之源。国外可以把硬件设备卖给我们，却绝不开放后台系统，因为真正的核心技术是实现数据价值的模型。当下，随着大国科技竞争的加剧，引进科技成果的壁垒不断增高，而且由于国内外农业业态差异大，我们无法套用国外的模式与模型。另一方面，中国不断鼓励科研成果的产业转化，产业与学术、农业与数据科学的跨界合作正在逐步深入，因此实现产业核心数据模型的自主研发是大势所趋。

（三）农业机械智能化

机械化与智能化之间只隔着一个"数据驱动"的距离。制造强国战略明确把"智能制造"作为主攻方向，顺应市场潮流，海尔、金风等老牌制造厂商已经积极开展数字化转型，寻找新的增长点。农机厂商也必将不断利用数据为机械赋能，适应数字农场的场景需求，实现从制造商向服务商的转型升级。

（四）产业链虚拟化

随着农业产业各环节数字化程度的有效提升，当数字化的机器智能与商业智能走进生产与经营时，产业链将不断走进网络，在网络世界逐步完成现实的数字化映射。产业链虚拟化将进一步推动消除信息不对称，提高产业效率，发现新的增长点。

（五）供应链金融普惠化

近年来供应链金融迅猛发展，2022年中国供应链金融行业规模36.9万亿元，其中应收账款模式占比达60%，预计未来五年中国供应链金融行业规模将以10%以上的CAGR增长，2027年有望超过60万亿元。供应链金融是产业优化的重要组成部分。它通过优化资金流来促进企业，特别是中小企业的健康发展。通过物联网、互联网和人工智能等新兴技术的应用，数字农业将有效推动中小企业有机融入产业网络体系，为供应链金融普惠化提供坚实的产业基础；同时，农业产业虚拟化进程所带来的产业信息透明化和主体信用可追溯也将为金融风险的量化管理提供切实保障。

（六）数据安全增强化

无论是农田数据还是企业的经营数据都是反映从业者生产经营状况的关键信息。数据在带给产业动能的同时，也存在被滥用的风险。因此，数据安全是产业数字化发展的基本保障。存储和应用数据的信息化系统安全性诉求将不断增强，数据权属问题也将随着法律的完善而得到妥善解决，解除产业数字化的后顾之忧。

五、数字农业的发展领域

通过应用物联网技术，能实时获取大量农业数据，这是数字农业数据的主要来源，为农业数字化奠定了基础。农业物联网被列为欧洲物联网18个重要发展方向之一，也是中国物联网9个领域的重点示范项目之一。物联网技术可以用来解决农业领域的独特问题，各种基于物联网的应用，如精准农业、智能灌溉和智能温室将推动农业生产过程的改进。未来基于农业物联网技术，数字农业技术和模式将有望在以下几个典型的农业细分领域优先突破、取得作为。

（一）智能农机装备

作为一种农业生产手段，智能农机装备利用物联网技术和信息通信技术实现最佳生产和精益化生产，从农业作业手段上，推动农产品增产、农民降本增效，从集约化运作角度，实现环境资源可持续发展、农业生态良性循环。

（二）智能灌溉

提高灌溉效率和减少水资源浪费的需求正在增长。这种通过部署可持续和有效的灌溉系统来保护水资源的方法正在受到越来越多的关注。基于物联网的智能灌溉可以测量空气湿度、土壤湿度、温度和照度等参数，从而准确计算出对灌溉用水的需求。已经证明，这种机制可以有效地提高灌溉效率。

（三）农业无人机

无人机拥有丰富的农业应用场景，可用于监测作物健康、农业摄影（用于促进健康作物生长）、可变速率应用、牲畜管理等。无人机可以低成本监测大面积区域，通过传感器轻松收集大量数据。

（四）智能温室

智能温室持续监测气候条件，如温度、空气湿度、光照、土壤湿度等，并最大限度地减少作物种植期间的人工干预。这些气候条件的变化会触发自动响应。在分析和评估气候变化后，温室将自动进行误差校正，从而将气候条件保持在作物生长的最佳水平。

（五）收获监测

收获监测系统能够监测农作物产出质量、总收获量等衡量农业收获的各种因素。从监测中获取的实时动态，有助于帮助农户进行决策，从而控制成本并增加生产量。

（六）农业管理系统（FMS）

FMS 根据控制器和追踪设备为农户和其他相关者提供数据收集和管理服务。收集到的数据信息用来存储和分析，以支持复杂的决策。FMS 还可用于明确农牧业数据统计分析的良好实践和软件交付方式，其特点是提供可信赖的财务报表和生产数据库管理，以及降低极端天气情况下的风险损失。

（七）土壤监测系统

土壤监测系统软件有助于农户追踪改进土壤品质，避免土壤退化。该平台可监测一系列指标值，如土壤品质、持水量、消化率等，帮助降低土壤腐蚀、致密化、盐碱化、空气氧化和有害物质污染环境的风险性。

（八）精准家畜饲养

精准家畜饲养系统提供牲畜生殖、健康和心理状况的实时监测，以确保最大的回报。农民可以使用先进技术实施持续监测，并根据监测结果做出决策，从而改善牲畜的健康状况。

未来的农业发展对信息流通性、行业连通性要求极高，数字农业顺势发展，将拥有巨大的市场潜力。

9.2 数字经济与智慧城市建设

当前，新基建已上升为国家发展战略，指引了未来的趋势所向。5G、人工智能等新技术不断成熟演进，催生了多样化的城市智慧化应用与场景。虚实融合的新型智慧城市呼之欲出。

抗击新冠疫情的这场"战役"加速了城市智慧化建设。譬如"战役"期间我们经常使用的运动轨迹、健康码、疫情地图、智慧社区治理、政府服务一网通等城市服务，以及线上办公、无人零售、在线问诊这些具体的生产和生活服务。数字科技越来越场景化，融入了城市的方方面面。

城市生长包括三方面：

一是"以产兴城"，融合多种智慧办公应用，助力企业快速发展；

二是"创新孵化",开放更多智慧场景,带动智慧应用落地实践,培育智慧型创新企业,发展产业新模式;

三是"数字治理",采用平台化的方式,融合涉及公共服务的诸多应用程序,解决传统公共服务"零散乱"的局限,进行高效的城市运营。

未来智慧城市的空间广阔,但是智慧城市是一个系统工程,由于技术的专业性与建设的复杂性,政府和企业各有分工。

政府主要主导城市管理、经济发展、民生服务等领域;企业主要主导住宅社区、购物出行、餐饮娱乐、商业办公等领域;其他的能源、交通、政务、基础设施等领域,可能需要政府与企业通过政府和社会资本合作(Public-Private Partnership,PPP)等模式共同建设运营。

数字经济时代的智慧城市,是从场景出发,融合城市生长和美好生活的智慧化场景,是充满活力、可以感知的智慧化城市,核心的概念是"融合"。

用场景融合,改变过去"产品驱动"的智慧城市建设模式,更强调"需求驱动",打通多个垂直领域,营造更丰富的创新生态。

用场景融合,改变过去由单一政府主体主导的智慧城市规划模式,更强调多主体、平台化,让更多力量参与到智慧城市建设中来,丰富各细分领域的智慧化应用,集聚形成更有活力的创新生态。

9.3 数字经济与政府数字化转型

目前,信息化水平已成为衡量一个国家现代化程度的重要标志。具体体现在数字基础设施、数字产业形态、数字消费者、数字政府等方面。社会的数字化率,成为衡量一个城市、一个地区乃至一个国家数字化水平的新标准。

9.3.1 中国政府数字化转型已取得重大进展

从1999年"政府上网年"开始,中国数字政府建设已走过了20多个年头,全国数字政府的形态基本上展现出来了,体现为四个特点:一是由碎片化转变为整体化;二是由封闭转向开放;三是由过去的部门协调转向现在的整体协同;四是从手工作业转变为智能作业。

我国数字政府建设的快速发展有四个原因:一是技术进步和基础设施的保障;二是社会信息化水平的大幅度提升;三是公众对政务服务的新诉求,医疗、教育、保障性住房、养老等,老百姓对政府服务的诉求也倒逼我们加快数字政府的建设;四是政府多年在信息化领域的耕耘,在政务服务应用领域已经取得了很多成绩。

9.3.2 数字经济正在改变中国的经济结构

政府信息化走到今天,是数字化的作用。而数字政府的快速发展,反过来对数字经济又起到了一定的推动引领作用。目前,数字经济正在改变中国的经济结构。

在新冠疫情和贸易摩擦双重影响下,中国经济甚至全球经济都面临一系列的新问题。新冠疫情导致全球经济下行,贸易摩擦对中国经济发展造成了一定的负面影响,保持产业链供应链稳定不仅是当务之急,也面临多重压力。

在这种新形势下,数字经济有望成为中国应对全球经济低迷风险挑战,推动经济转型的重要力量。数字经济将成为经济增长、转型的新引擎。国家政策导向非常明确,要推动互联网、大数据、人工智能和实体经济深度融合,培育新经济体系,在政策引导下,将产生新的经济形态和业态。2022年,中国数字经济增加值规模达到50.2万亿元,占GDP比重达41.5%。可以说数字经济在中国经济结构中已经扮演了重要的角色。

9.3.3 加快数字经济发展要双向发力

当前,数字经济正在成为各个省市推动经济的主要抓手,但加快数字经济发展需要整体双向发力。所谓双向发力就是在数字产业化和产业数字化两方面做文章。数字产业化可能受到的影响很多,各地的情况差异很大,要量力而行。比如,发展芯片产业需要考虑环境因素;发展云计算则需要考虑电力、土地等要素,因此西部是较为理想的选地。此外,人才和技术也是各地区发展数字产业化的重要资源。而产业数字化的重点是加快工业互联网建设,从而提升产业数字化能力和水平。

虽然我国数字经济发展处于全球领先地位,但在发展过程中也暴露出一些新问题。一是数字经济的基础设施建设不均衡。数字基础设施建设在城乡分布、区域分布和行业分布方面有比较大的差异。一般来讲,广东、江苏、浙江等经济发达的区域,数字经济的基础设施相对较好,西部地区的数字经济基础设施较为薄弱。

二是数字经济与实体经济的融合发展存在薄弱环节。融合发展不光体现在宏观层面,也在微观层面体现出来。从宏观层面来看,产业融合发展深度、广度存在不足;从微观层面来看,企业和一些行业对数字产业与数字化融合价值认同有缺陷。

三是数字经济人才相对紧缺。虽然我国数字经济发展迅速,但在核心技术研发、大数据挖掘应用等领域的人才储备不足,自主创新研发能力较弱。特别是经济欠发达地区,人才是制约其发展的最大因素。此外,有利于数字经济发展的政策环境、投资环境等还没有整体形成。

对此,要加快数字经济的高质量发展,形成健康有序的发展格局。

一是要加大以工业互联网为核心的数字经济基础设施建设。5G是数字基建的网络支撑。根据工业和信息化部统计数据，我国已建成 5G 基站超过 230 万个，地级市以上已基本覆盖。这是我们打造新基建的重要基础设施。同时，工业互联网也是新基建中的重要基础设施，要大力发展。目前，全国各类型工业互联网平台数量总计已有上百家，所以说"工业互联网是一片巨大的蓝海"。

值得一提的是，新一代数字基础设施并非孤立存在。例如，工业互联网是互联网与智能制造的交叉点，工业大数据是大数据与智能制造的交叉点。工业互联网的本质是以原材料、机器、信息系统、控制系统以及产品、人等各种要素的互联为基础，通过工业大数据的深度感知、实时传输交换，快速计算处理、建模分析，实现智能控制、运营优化和生产组织方式的变革。为此，应抓紧工业互联网的布局。

二是要加快产业数字化的进程。以新兴信息技术为基础，推动产业活动由线下到线上的转型。实现产业上下游无缝对接、配合联动，及时回应市场需求，提升企业竞争力。运用大数据、云计算、人工智能、物联网等技术，推动商业模式和产品服务升级，实现智能化、平台化、品牌化发展。例如，新媒体融合平台上线的"新花城"在广州市已经产生很大的影响，这就是数字化经济的范例。

三是要提升数字治理的能力，有效整合数字资源。数字治理在当下非常重要。要着力破解"互联互通难、业务协同难、沟通数据难"的问题，打破"数据不通、网络不通、业务不通"的限制，实现"跨部门、跨行业、跨区域"的一体化政务服务。然而，"三跨"的难度在于数据治理，数据是瓶颈。因此，从总体的发展来看，数据治理的重要性体现在提升数字治理能力上，这对发展数字经济意义重大。通过有效的数据治理，可以提高数字基础设施的统筹能力。另外，当前全国不少地方都在建设数据中心，在此过程中，要防止浪费和一哄而起。数据需要的是数字整合和统筹，要防止数据中心"遍地开花"，造成重复浪费。对此，可通过对工业大数据的有效治理，提高智能制造的能力和水平，提高数据共享能力。

此外，要完善政府治理体系，为数字经济发展创造良好的环境。这个环境包括营商环境、法治环境和人才环境，需要各地有为政府大胆创新，政府环境好了，才可以更快更好地进行数字化建设。

9.4 数字经济与传统产业转型升级

锻造产业链供应链长板，是提升产业链供应链现代化水平的重要一环。这方面的工作，既包括打造新兴产业链，也包括推动传统产业转型升级。对此，我们要从提升产业链供应链现代化水平的高度，深刻认识"推动传统产业高端化、智能化、绿色化"的重要意义，并要抓住数字中国建设带来的发展机遇，加快数字化发展，促进传统产业转型升级，进而提升我国产业链供应链现代化水平。

9.4.1 数字化能为提升产业链供应链现代化水平提供重要动能

产业链是产业经济学中的一个概念，即产供销，从原料到消费者手中的整个产业链条，是各个部门之间基于一定的技术经济关联，并依据特定的逻辑关系和时空布局关系客观形成的链条式关联关系形态。一个完整的产业链包括原材料、制成品、服务等多个环节，表现为供应链、产品链、需求链等形态，产业链的稳定和提升要求有雄厚的产业基础和高质量的产业升级作为支撑。传统产业包括除高新技术产业之外的众多工业行业。随着互联网、大数据、人工智能等现代信息技术的不断突破，数字经济蓬勃发展，数字化成为驱动传统产业转型升级、提升产业链供应链现代化水平的重要动能。

第一，数字化驱动我国传统制造业不断向中高端迈进，有助于推动传统产业链的升级。首先，数字化与传统制造业的融合，加速了企业生产端与市场需求端的紧密连接，并催生出新的商业模式；其次，数字技术与制造业的融合可以促进制造业实现智能化生产，优化制造业的内部结构，助力传统制造业升级。目前，我国制造业内部结构正不断向高端装备制造、信息通信设备制造和智能制造调整，数字技术的利用不断提高制造业内部结构的科技含量，推动制造业智能化转型。

第二，数字化促进制造业与服务业融合发展，有助于推动传统服务业向现代服务业升级，重塑产业链并提升产业链水平。近年来，数字经济与服务业融合发展效果明显，极大地带动了第三产业产值的增加。通过构建大数据分析平台，将数字技术与传统零售深度融合，促进电子商务的快速发展，驱使各类生产要素在市场平台上自由流动，可以极大地提高资源的利用效率。数字技术的应用也使得新兴服务业得到快速发展，促使服务业内部结构不断优化，为第三产业升级转型提供助推力。

第三，数字化推动产业跨界融合并催生新业态，有助于提升产业链竞争力。数字技术通过重组现有生产要素，可催生新模式、新需求，如平台经济、共享经济等。此外，以数字经济为基础的信息通信、高端装备制造、生物医药、新能源、新材料等新兴产业发展迅速，促使清洁能源的使用量不断提升，能源结构趋于绿色化发展。高技术产业的不断发展和能源结构的不断优化，极大地促进了传统产业优化升级，提升了产业链竞争力。

9.4.2 以数字化推动传统产业转型升级面临的困难与问题

目前，以数字化推动传统产业转型升级，尚面临一些不容忽视的困难与问题。

第一，传统产业数字基础设施薄弱，产品和技术大多处于产业链的中低端，数字技术与传统产业融合程度有待加深。对于大部分传统中小企业来说，受限于人力、资金等条件，普遍数字化水平较低，缺乏良好的信息网络基础设施，难以在短期内实现数字化改造升级。传统产业的产品总体上处在产业链中低端，表现为初级产品多而最终产品少、工业产品多而服务产品少、中低端技术产品多而高新技术产品和高附加值产品少。

第二，传统产业总体上看仍处于粗放式的发展状态，数字化赋能的产业链协作程度不高，制约着社会总体资源的配置效率。我国传统产业拥有庞大的规模和雄厚的基础，创造了大部分的产值利税和就业机会，但普遍存在生产技术工艺和装备比较落后、产业结构和产品结构不合理，以及专业化水平低和自主创新能力较弱等问题，对于能源和资源的消耗也较大。

第三，数字化人才供给不足，导致传统产业升级困难，产业链竞争力不强。我国传统制造业普遍存在产能过剩、技术水平不高、创新能力不足等问题，原因之一就是人才不足。传统产业无论是转型期的技术输出还是升级后的管理和维护，都需要大量的人才，人才匮乏成为传统企业向"智造业"转型的难点之一，也是传统产业迈向全球价值链中高端的障碍之一，影响着产业链竞争力的提升和产业链的稳定性。

当前和今后一个时期，把握数字化发展机遇，多措并举推动传统产业转型升级，进一步提升产业链供应链现代化水平，可从以下几个方面发力。

第一，加大 5G 网络、数据中心等新型基础设施建设的投入，为传统产业升级和提升产业链供应链现代化水平构建良好的基础条件。促进传统产业转型升级，离不开信息基础设施的日益完善。应加大对新型基础设施建设的投资，积极构建大数据网络中心和互联网服务平台，提升数据分析处理的能力，加快构建以先进制造业为代表的基于新一代通信技术的现代产业体系，提升产业链供应链现代化水平。

第二，促进数字技术与传统产业的深度融合，不断夯实维护产业链供应链稳定的产业基础。推动传统产业数字化、智能化、网络化转型，是我国传统产业升级转型的主要方向。要不断深化数字技术在传统产业研发创新、生产加工、仓储物流、营销服务过程中的应用，促进企业实现生产制造与管理决策过程中的数字化转型。应积极构建数字化条件下的产业融合发展体系，为产业链和供应链的稳定提供雄厚的产业基础。

第三，加强传统产业数字化转型所需的人才队伍建设，为提升产业链供应链现代化水平提供人才保障。对于传统制造业而言，企业应紧抓大数据、互联网、人工智能等信息技术发展的便利条件，重视数字化人才团队的建设，通过专业人才提升产品设计制造的数字化能力，提升产业链竞争力。有关部门也应出台相应的激励措施，充分发挥数字技术对传统产业改造升级的引领作用，鼓励企业与科研机构、高校深度合作，营造良好的发展环境，加强数字技术高端人才的培育，为技术创新和传统产业升级转型夯实人才基础。

第10章
打造有竞争力的数字产业体系

随着中国数字经济发展逐步进入高潮期，未来，数字经济产业发展将呈现以下趋势：

趋势一：数字化基础设施和基础设施数字化的建设将提速。数字基建不仅仅是数字经济的基础，甚至将成为拉动经济增长的重要选项。

趋势二：网络化、数字化成为国家治理体系的基础，数字治理需求得到空前释放。

趋势三：央行数字货币或将加速推出。

趋势四：跨层级、跨地域、跨系统、跨组织、跨业务切实有效的数据互联互通是社会有效治理、处置重大应急公共事件的基础，成为社会共识。预计"国家治理体系和治理能力现代化"将和"国家大数据战略"融合实施。

趋势五：数字消费并不会随着新冠疫情的消失而大幅降温，随着数字技术、数字贸易、数字共同市场的发展，数字消费更加多元化。

趋势六：平台的价值得到检验，平台的功能将会越来越综合。无论是政府还是企业，越来越需要一体化、网络化的综合支持平台，而平台自身将演变成为新型基础设施的一部分。

趋势七：公众对于数据隐私的关注或将反弹，良好的数字治理、切实的隐私保护决定公众对于数字经济的信心。

趋势八："机器人与人精细化的分工和合作""非接触式业务"发展将迎来爆发期。零工经济、自由职业者将成为潮流。企业劳务雇佣关系将向互惠合作的关系转变。

10.1 数字经济产业体系图谱

现阶段，中国经济发展正处在变换发展方式、优化经济结构、转换增长动力的关键时期。在这样的环境下，数字经济作为发展最快、自主创新最耀眼、辐射面最广的经济活动，逐步形成经济发展的新机遇和新动能。数字经济在与传统制造业创新融合的过程当中，早已表现出了促进产业结构转型、促进经济创新发展的强大动能。

伴随着信息科技的发展，信息的传递与交流突破了时间和空间的限制，信息的获得、应用、分享越来越简单。地球的确真正变成了"地球村"，这正是数字经济所需要的。与此同时，数字经济还注重对海量信息进行分析，并通过其辅助决策。

一、数字经济在产业结构转型中发挥了重要作用

农业是国家稳定的基石产业，当代农业的发展离不开数字经济，数字农业成为传统农业转型发展的必定方向。农业、运营、管理、服务各个领域在数字经济的影响下，朝着精确、高效、信息化的方向发展。灵活运用信息技术，能

够逐步完善农业决策支持系统和数据资料系统软件，扩张新农村产业和商圈。数字经济"侵入"农业后，智能大农场、智能水产品、智能园艺花卉等陆续出现。"互联网技术+现代农业"带来了全部农业产业供应链的转型发展：信息技术以及生产方式变革大大提升了农业生产与管理效益，农业智能灌溉、智能温室大棚、精确农业等物联网应用推动了农业生产工艺流程的优化；可以检测商品种植、养殖环境与疫情，提升生产量，保证质量安全；冷链运输为农产品运输和冷藏带来了资源优势，降低粮食作物的损耗，消费电商的发展推动了农产品营销，很多农业产品通过互联网进入不受时间与地区限制的"24小时销售市场"。搭建在物联网应用和云计算技术里的智能大农场，收集资源、生产制造、生产加工、机器设备、仓储物流、市场销售等相关信息，结合农业气候与市场信息进行预测分析，给予农户决策支持和信息服务，完成远程管理，农户可以足不出户地"种田"。

制造业是中国科技发展的支撑，也是中国经济发展的支撑，数字经济也将推动制造业转型。因此，应将制造业作为发展数字经济的主战场。目前，普遍存在的看法是，数字经济有希望与制造业相结合。那么，数字经济怎样在这一战场上充分发挥作用呢？一方面，信息科技应用在制造业的各个领域，能够升级制造业的研发、生产制造、货运物流、管理等各环节，全方位地提升产品技术、装备水准、能耗等级、环境保护、生产安全等，加速制造业数字化、智能化、生态化。信息化管理设施、工业机械手、3D打印机等人工智能设备及其相关的大数据技术、云计算技术、物联网技术等的应用，将进一步提高制造业效率，节省成本，改进网络资源，完成企业内控管理和制造的数字化。另一方面，数字经济促进了新业态、新模式、新体系，推动了新兴产业和高新科技产业的发展。借助网络平台，企业能够运用大数据调研市场，更好地进行营销推广，掌握顾客需求，给予顾客个性化服务，实现质量与服务的联动提升。电子信息技术的线上个性化服务，包含智能监测、远程诊断、产品追溯，造就了制造业的新业态和新模式。

二、数字经济还能够推动第三产业的转型

数字经济与服务业的融合发展，给消费者与企业带来了非常积极的影响：不但改变了人们的生活方式和思维模式，也影响了公司经营管理方法、商业运营模式和组织模式。借助互联网技术，电商、智慧景区、智能交通、现代远程教育、远程医疗系统等新型业态飞速发展，一个个新的消费市场层出不穷。《浙江省数字经济五年倍增计划》明确提出，要推动互联网技术、移动互联、移动智能与民生服务紧密结合，提供丰富多彩的产品服务，促进人们的生活向智能化发展。

以旅游业发展为例，数字经济促进了设备系统智能化、信息共享化、通信网络化和服务项目便捷化。运用数字经济推动旅游业发展已经成为人们的共识。传统文化与现代高新科技紧密结合，故宫博物院上线了"手机故宫""每日故宫""故宫展览会"等互联网平台，使人们能够通过移动终端走进故宫，观看其中的珍贵文物。故宫博物院还开设了"数字故宫"，开发了专题地图、数字绘画、数字刺绣图案、数字屏幕等创新方式。"数字故宫"项目建成后，珍贵文物得以在数字世界保存下去。故宫博物院勇于创新，文创产品年收入破 10 亿，成为新一代"网红"。

数字经济还在公共服务领域留下了浓墨重彩的一笔。浙江省基于大数据的"浙里办""浙政钉"等 App 为浙江人民提供了一站式服务。大家能够在线上付钱、看病、查看社保等，这也是数字经济的功劳。数字经济也给教育培训行业带来了深入而广泛的转变，中国大学慕课（MOOC）就是一个很好的例子。保证人们即便身处边远山区，也能够享受高质量的教育资源。信息科技以其公平宽容的特性，助力提升资源配置、提高人们的生活品质。

数字经济迅猛发展，各个领域对数字经济的依赖度越来越高。推动数字经

济与中国实体经济结合,大力推广数字经济,有益于推动产业结构转型升级、提升资源配置、贯彻新发展理念、扩展经济发展机会。我们应该把握机遇,突破自我,勇敢地站在数字时代的前沿。

10.2 百花齐放:建设有竞争力的数字人才队伍

建设有竞争力的数字人才队伍是数字经济发展的前提和基础,如何建设百花齐放的数字人才梯队,为数字经济的蓬勃发展提供源源不断的智力支持,是数字经济时代每个企业和组织必须要解决的问题。十九届五中全会指出要深入实施"人才强国"战略,深化变革人才发展机制,数字化人才队伍建设成功与否关乎国家"数字经济"发展大局。

数字化人才一般是指具有数字化素养与思维,掌握了一定的数字化相关技能(数据分析、程序开发、机器学习等),能在实践中利用数字化工具进行商业模式创新、用户体验优化、运营效率和品牌知名度提升、运营成本和风险降低的相关人才,数字化人才的竞争力决定了数字经济的竞争力。

著名咨询公司麦肯锡表示,数据早已渗入每个领域,成为必要的生产要素。人才早已成为国际竞争的主要因素,要实现数据经济的全方位发展,培养一支经营规模、能力、结构都优秀的数字人才队伍是十分重要的。

数字化为全球经济活动赋予了巨大能量,习近平总书记强调"数字经济是全球未来的发展方向"。有研究表明,数字化程度每提高 10%,人均 GDP 增长 0.5%~0.62%。同时,面对互联网对企业生产模式和组织形式的颠覆,数字化转型已成为企业应对负面影响的最优选择。建设数字化人才队伍,不仅能助力企业实现转型,更能助推经济朝着高质量的方向前进。

建设数字化人才队伍,企业和组织的一把手首先要进行数字化思维革新,也就是企业领导者要突破自己的思维瓶颈,建立数字化的思维方式和决策素养。

10.3 数字经济产业发展建议

数字经济助推新时代我国经济高质量发展的对策建议。

10.3.1 完善数字基础设施建设

发展数字经济,实现高质量发展,离不开数字基础设施的支撑。数字经济的基础设施不同于传统经济的物理基础设施,它是以信息基础设施为主导的。因此,要把通信基础设施提升至与电力、交通、水利基础设施同等重要的地位,高度重视并持续实施通信基础设施建设行动计划。加快传统基础设施网络化建设和数字化改造力度,不断推进新兴基础设施建设,在高速宽带网络、无线宽带网络、互联网数据中心、大数据与云计算应用平台、内容分发网络等领域加快信息基础设施升级,构建移动、高速、安全、泛在的新一代信息基础设施,为发展数字产业奠定基础。

10.3.2 创新数字技术开发

发展数字经济,实现高质量发展,数字技术创新是发展的关键。当前,创新能力较弱仍是牵制我国产业发展和技术前进的关键薄弱点。一些重要行业的关键产品受到技术水平的牵制,人工智能的关键技术开发依然落后于美国等发达国家。我国政府部门要加强对云计算、大数据、人工智能等新兴技术的支持,不断增加科学研究投资成本激励,激励提升技术创新的企业或个人。同时,要借助高等院校区位优势,推进产学研一体化,推进校企合作,创建高等院校与行业企业、科研机构一同创新发展数字技术的长效机制,数字技术研究主要由高校和科研机构承担,企业也需要参与进行成果的转化。

10.3.3 提升数字安全体系

伴随着数字经济的发展，数字安全的范围也变得越来越广。在数字经济时代，数据泄漏所引发的后果越来越严重，保证数据安全刻不容缓。在安全高效的数据存档中创建数据安全制度，提升信息安全水平，保护个人信息免遭泄漏是重中之重。在政府层面，应健全数字经济安全市场制度，制定适应数字经济新技术、新应用、新产业等发展的政策体系。比如，需要在新技术领域制定数字知识产权申请办理、授权等法律规范，保证数字经济稳定有序运作，健全与传统经济相一致的政策体系，避免与传统产业结合过程中的矛盾。

10.3.4 提升对数字领域人才队伍的支持

发展数字经济，实现高质量发展，人才是不可或缺的知识支撑。执行人才优先发展战略，转变经济发展方式，紧紧围绕发展数字产业人力资源开发规划的需要，逐步完善人才服务体系，建设人才服务产业园。地方政府部门增强廉租房供给，助力人才落地。借助高等院校优势（如高等院校加设数字经济以及相关领域课程内容），推进产学研融合。推进校企合作，确立高等院校与行业企业、科研机构一同培养创新人才的长效机制。

第 11 章 数字经济产业发展典型案例分析

11.1 数字农业：以江西省为例

一、江西省数字农业发展现状

（一）县域数字农业农村发展水平较高

数字农业农村是数字经济的重要组成部分，是数字经济的重要环节，发展数字农业农村是实施乡村振兴战略，实现农业农村现代化的重要对策，作为"三农"问题的主战场，县市级农业农村发展水准是数字农业农村发展情况的直接反映。党的十八大以来，江西省县区数字农业农村建设有序推进，取得重要成果。《2020 年全国县域数字农业农村发展水平评价报告》数据显示，2019 年江西省县域数字农业农村发展水平为 41%，超出全国各地总体水平 5%；在我国 6 个中部省份中，江西省县区数字农业农村发展水准比安徽省低 0.2%，居第二位。

（二）农业生产智能化水平比较优秀

农业的根本出路在于现代化，农业现代化的关键取决于科技创新。在新一代信息技术快速发展并应用于农业领域的背景下，智能化早已成为将来农业生产变化的主要力量。近些年，江西省稳步推进农业生产智能化。目前，江西省农业生产智能化水准稍低于我国东部地区，整体发展情况不错。

（三）"互联网+农业"融合日益紧密，发展迅速

第一，农产品网络零售额比例不断增大。伴随着"互联网+农业"的深入推进，农产品电子商务平台和直播带货等新型销售方式成为农产品销售的主要方式，对增加农民收入起到了关键作用。《2020 年全国县域数字农业农村发展水平评价报告》数据显示，2019 年江西省县域农产品网络零售额占农产品交易总额的 11.7%，比全国平均水平高出 1.7%。

第二，全省村级电子商务站点覆盖率较高。建制村电子商务接待网站覆盖率对农产品网络零售的发展有关键影响。2019 年，我国已建成电子商务接待服务网站的建制村共有 33.6 万个，建制村覆盖率是 74.0%，江西省建制村电子商务接待服务网站覆盖率是 87.8%，超过国内平均水平。此外，从区域来看，我国东部、中部、西部地区建制村电子商务接待服务网站覆盖范围分别是 79.6%、76.0%、66.9%，江西省不但高于中部地区平均水平，即便放在东部地区也能位居前列。

总体来说，江西省农村信息化发展快速，数字农业农村发展成效明显。

二、江西省数字农业发展的问题分析

（一）数字农业技术发展仍显薄弱，服务落后

一是农业大数据建设欠缺，质量不太高。农业大数据是数字农业高质量发展的关键，但江西各地区广泛欠缺对农业大数据的管理观念，欠缺对开放互通的农业大数据的立即收集、管理和有效应用，造成农业大数据总体使用率不高。江西"农业数据云"平台是农业云终端，可实现本省规模性数据分享。现阶段，江西省已基本建成市、县、乡、村各级农业数据云。根据 2020 年江西省统计年

鉴农村乡（镇）的基本状况，江西现有建制村 17063 个，"农业数据云"在江西农村地区实现全方位覆盖的目标还未达到。从具体应用实例看，"农业数据云"平台收集的农业数据比较落伍，质量不太高，对指导农业生产贡献并不大。

二是江西农村地区数据服务设施不健全，后期信息化服务落后。一方面，农村地区"益农信息社"建设还不健全。"益农信息社"是面向农村地区的农业信息服务创新模式。要求每一个村只能建立一个服务网站，由村内有一定知识素养的农民管理，群众可以去乡村级服务站开展信息咨询和其他相关业务，再将这种信息服务扩展到农村和农民，从而解决农业信息服务"最后一公里"的问题。从总数来看，截至 2020 年 3 月，江西省已建成 1.36 万家"益农信息社"，覆盖全省 80%的建制村，虽然初步达成农业农村部对"益农信息社"应覆盖到 80%的建制村的要求，但仍显不足。从空间合理布局来看，江西省"益农信息社"多集中在九江市、赣州市、宜春市等地区，作为江西省 11 个地级市之一的景德镇市现阶段只有 200 多个。"益农信息社"现有物流站点的服务设施大部分集中在乡镇，众多农村地区货运物流服务缺乏对生鲜农产品的保鲜预处理，导致生鲜农产品在运输过程中浪费较为严重。

（二）小农户对于数字农业技术的应用存在困难

第一，农民栽种经营规模过小，无法担负数字农业的使用成本。我国第三次农业调查数据显示，全国小农户数量占农业运营主体的 98%，小农户从业人员占农业从业人员的 90%，是典型的"大国小农"，江西省也面临着这种情况。农业生产过程是以兼业为主导的，风险厌恶、信息收集能力低是小农户生产的突显特点。较小规模的运营方式及其以农业生产兼业为主体的特点，从源头上限制了小农户进行数字农业生产的积极性，因此较小规模生产与技术推广、机械化、信息化之间存在必然矛盾。在农业智能化过程中，相关技术、设备投资成本和后期维护保养经营成本都比较高，小农户承受不起，无法规模性推动数字农业的发展和推广。

第二，数字农业领域的专业人才不足。欠缺既了解农业产业又了解数字技术应用的综合权威专家，受制于待遇和环境问题，在基础农业生产和农机车推广中，这种情况更加突显。2019年，在江西省城镇10679名底层农业技术推广人员中，拥有专科以上文凭的占37%，具有中级以上技术职称的不到12%。

第三，农户发展数字农业意向不足。江西省农民文化水平通常不太高，且年龄偏大，在农业技术和市场应对能力上越来越无法适应农业现代化的需要，个人应用现代化技术开展农业生产的主观意向也不足。中国正处于从传统农业逐渐向现代农业转型发展的关键阶段。尽管江西省委出台了一系列有关政策，推动了数字农业的推广和应用，但农业生产周期长、产业风险大、投资收益慢，与其他产业相比盈利低，使得农业领头企业、农户专业合作社、家庭大农场等新型农业运营主体应用数字农业技术的主观意愿不强。

（三）数字农业产业帮扶政策相对落后

第一，现有的数字农业法律法规和政策不健全。数字农业的发展将会引发农业生产和商业方式的不断变化，但现有的法律法规和政策依然不完善，与数字农业发展要求不一致，在一定程度上限制了数字农业的发展。以农用机械无人机为例，依据现行的管理规章，安全操作7kg以上无人机需要飞行驾照，而农用机械无人机一般在10kg以上，获取无人机飞行驾照的过程比较烦琐。因此，在具体运行时，无人机工作大部分是"黑飞"，面临着随时随地被禁止使用的风险。此外，依据《江西省2018—2020年植保无人飞机购置补贴试点实施方案》，个人购置植保无人机暂时不给予补贴，同一补贴对象购买数量不得超过5架。依据这一规定，个人选购无人机的行为和购买5架以上无人机设备组织不在补贴范围内，这严重限制了农用机械无人机设备的推广和应用。

第二，涉农数据的应用缺乏法律规范。大数据是数字农业的核心技术，收集管理工作至关重要。然而，江西省现有法律法规对农业大数据的保护应用重视不足，致使大量农业生产数据被不法企业违法收集倒卖，对农业数字化发展产生严重消极影响。

三、江西省数字农业发展对策建议

（一）不断巩固农业大数据云平台建设，完善信息化配套服务

一是不断加强和巩固农业大数据云平台的建设。江西省各级地方政府应重视农业大数据的整合与利用，积极推动广大农村地区对农业数据进行收集和管理，提高"农业数据云"覆盖面。乡镇地区应积极配合，定期向县级政府上报所辖建制村农业农村相关数据，并定期开展调研活动，掌握农业农村最新情况。

二是加强大数据在农业生产活动中的应用，强化对农业生产活动的指导。因农产品价格波动频繁，广大农户在进行农业生产时存在一定的盲目性。因此，乡镇政府应承担起对所辖建制村定期公布农业数据的义务，并依托历年农业大数据的分析预测结果，指导农户科学合理地进行定量化生产。

三是完善对数字农业的信息配套服务，提升对物流系统基础设施的建设力度。一方面，应完善数字农业的信息服务配套设施。加大财政扶持力度，强化对"益农信息社"建制村全覆盖的支持，将信息服务延伸至每个农户。同时，合理布局，促进全省各地区的"益农信息社"均衡发展。另一方面，应加强基层农村地区快递物流运输点的布局与建设，完善基础配套设施建设；大力建设冷链物流运输系统，解决生鲜农产品运输难、浪费率高等问题。例如，政府可制定相关数字农业专项扶持规划，出台支持政策，提供税收优惠、金融贷款贴息和技术支持，降低物流点在农村的布局运营成本，从而为"互联网+农业"提供支持；在全省以地级市为单位建设冷链物流运输中转中心，以点带面建立起冷链运输体系。

（二）积极培育新型农业经营主体，强化农户技术应用能力

一是积极推动农业向规模化发展。只有具有一定的农业生产规模，才能为数字农业的发展提供基础条件。因此，应积极构建"行业龙头企业+产业基地（合作社、专业村）+小农户"等新型产业化生产经营模式，构建农业产业链的稳定产销关系，完善各方利益联结机制。加快农业生产组织化建设进程，积极整合现有小农户资源，对于推动农业产业规模化发展具有重要作用。

二是加强与农业类高校的合作，依托高校优势，培养新时代农业数字化专业人才，弥补农村基层数字化农业人才缺口。江西省应立足省农科院以及以江西农业大学为代表的高等农业类院校，发挥高等教育资源优势，制定数字人才培养专项计划，对现有农业合作社、农业龙头企业，以及新型农业经营主体定期开展培训，提升农业生产者素质。

三是大力推进数字农业生产技术在全省的应用示范，以典型示范推动农业数字化进程。结合不同区域、不同农业产业及产业链上的不同环节，建立起一批数字农业应用的典型示范基地。例如，以各地级市为单位，与当地农业龙头企业合作，打造一批具有地方特色的农业生产示范应用样板基地，依托基地探索数字技术与农业产业深度融合、共同发展的模式，提升整体农业数字化进程；开展数字农业产业基地的示范与项目观摩活动，推动江西省数字农业水平不断提升。

（三）强化数字农业支持政策的顶层设计

一是强化数字农业法律法规的研究和制定工作。数字技术在农业领域的推广应用，不仅要求科学技术的创新，而且对相配套的法律法规提出了强烈要求。因此，应加强对相关法律法规的研究工作。例如，制定农业用途无人机技术使用管控条例、农业生产的大数据应用管理条例、农业大数据保密法规等，通过深入研究，及时匹配数字农业发展实践需求，积极推动相关法律条例的修订完善，从而为信息技术改造传统农业提供法律支撑。

二是强化数字农业支持政策的顶层设计。江西省应紧紧围绕县域层面数字农业发展的实际情况和优势，因地制宜制定县域数字农业发展专项规划、行动计划、实施方案，以及相关扶持政策，明确县域数字农业发展自身定位、发展方向及实现路径，制定相应的重点任务、重点项目，进而系统地推动农业数字化发展。例如，由江西省政府牵头，建立涉农信息交流、合作、共享平台和机制，完善数字农业相关设备的支持补贴政策；围绕农业农村"数字大脑"、善政、兴业、惠民四个方面着手建设数字农业农村子系统，打造"天—空—地"一体化数字平台，实现涉农资源的互联、互通、互享。

三是加强数字农业的法律监管，加强对违法违规行为的打击力度，防止农业生产数据泄露和违法滥用，保障数字化农业的健康可持续发展。

11.2 乾程科技数字化转型与探索

一、乾程科技简介

乾程科技（青岛乾程科技股份有限公司）2005 年进入电力行业，现主要业务以能源计量为核心，提供数字能源领域——涵盖 AMI 及通信、智能电表、水表、气表、储能及充电、售电及能效管理等方向的数字化解决方案。乾程生产基地——乾程工业园，占地面积 20 万平方米，2018 年开始加速智能制造转型升级。

二、乾程科技数字化转型背景

近几年，传统企业在发展中面临着各项挑战，新冠疫情、贸易战导致物料价格上涨，原材料短缺导致芯片供应受限、招聘市场不景气等。与此同时，国家也在推动着产业新机遇的发展，无论是在党的十九届四中全会还是在《"十四五"数字经济发展规划》中，都将数据这一概念提升到了一个全新的高度，数据将成为数字经济时代的一大重要生产要素。大部分企业虽实施部署了各项信息系统，但是普遍的现象是数据利用率低，难以挖掘数据价值，数字化转型迫在眉睫。为顺应数字经济时代的发展浪潮，公司以信息通信技术的有效运用作为其降本增效和结构优化的重要推动力，从而应对企业内外部的各种变化。

三、乾程科技数字化转型历程

乾程科技数字化转型历程分为三个阶段，2008—2009 年实施了基础网络改造；2010—2017 年这 7 年时间进行了初步数字化改造，其间实施了 ERP、OA、PLM、HR 等企业管理系统，应用扩展到了 PC 端、手机端、PAD 端；2018—2019 年升级了多组织 ERP，将企业的财务数字化、供应链数字化落到了实处，同时实施了 SRM、CRM 等系统，将企业的管理系统延伸到了客户端、供应商端；2020—2021 年，进行了大量的自动化设备升级改造，实施了 MES、WMS 系统，自主开发了远程监造平台——计量云，将智能制造提升到了一个新的高度。

2008—2009年	2010—2017年	2018—2019年	2020—2021年
信息化	初步数字化——多端多平台	深度数字化——多端多融合	智能化
基础网络改造	ERP、OA、PLM、HR PC端、手机端、PAD端	SRM、CRM系统、多组织ERP 客户端、供应商端	自动化设备升级、MES、WMS系统 计量云

乾程科技数字化转型历程

四、智能制造

乾程科技数字化转型的整体架构以客户为中心，包括四层互联架构：底层为自动化设备层，生产设备之间互联；第二层为 IT/OT 融合层，IT 系统与生产设备之间互联；第三层为业务执行层，以 MES 为核心，各个业务系统 ERP、PLM、CRM、WMS、APS、SRM 之间互联；顶层是数据智能层，客户与工厂互联，可以汇总企业内部的数据，为企业提供决策分析的依据，为客户提供数据对接服务。乾程科技数字化转型的整体架构图如下。

第 11 章 | 数字经济产业发展典型案例分析

乾程科技数字化转型的整体架构构图

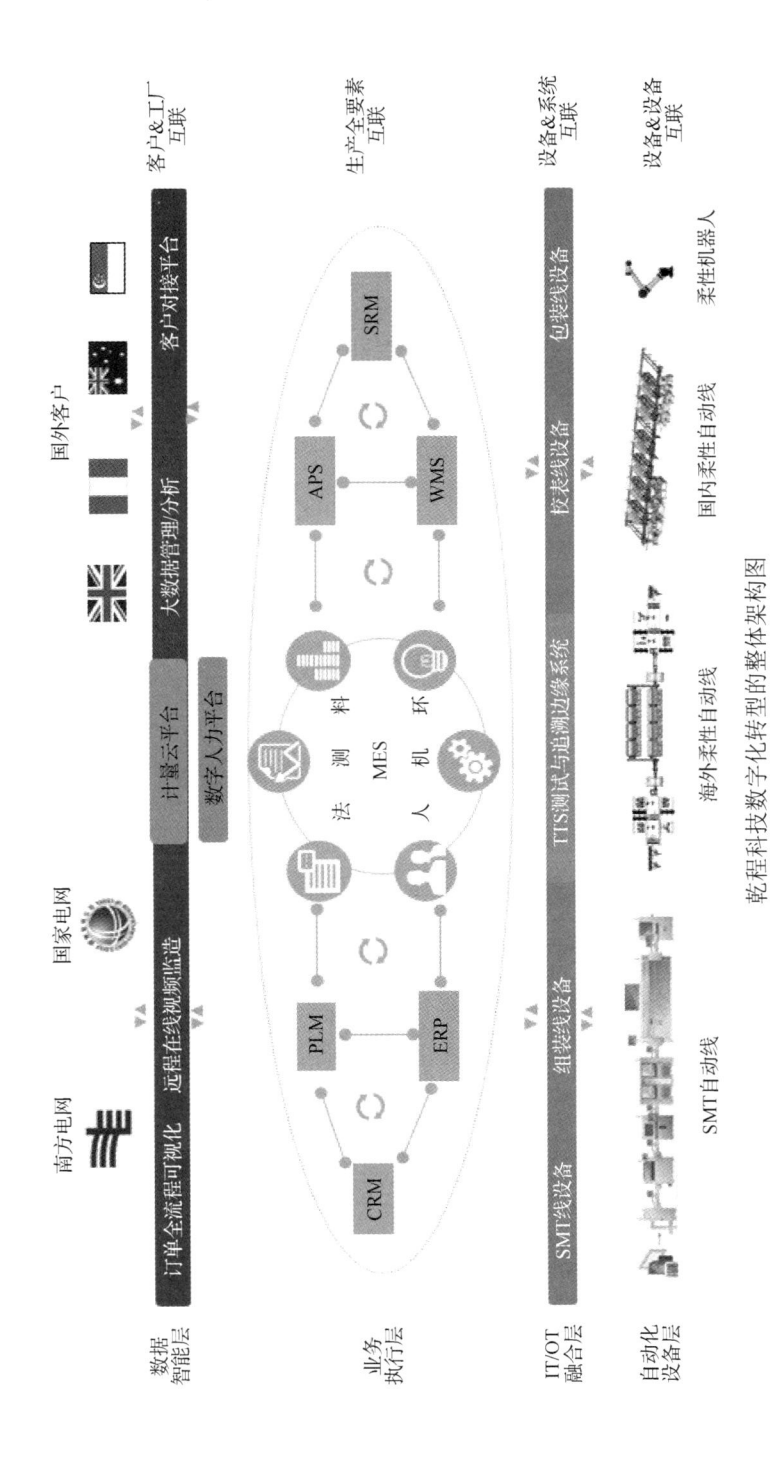

乾程科技智能制造的业务全景见下页图。订单需求获取之后，先在 APS 中排产，制作 APS 计划作业工单，排产之后通过智能制造平台做"人、机、料、法、环"的准备和检查，然后进入生产流程，生产过程中的几乎每道工序都进行数据采集和管控，生产完毕后进入 WMS 的发货流程，每一个产品的发货都是扫码完成的，系统会做严格的校验，实现产品的质量保证。生产流程的上层有决策分析预警平台，为一线人员、管理人员、品控人员提供可视化看板、追溯管理、钉钉预警、邮件通知及报表管理，可以辅助人们做决策。

再下一页的图是智能制造现场的一些应用场景：供应链大数据，可以帮助我们做供应商绩效分析、库存分析、齐套状况分析。智能控制中心，生产管理人员可以通过看板数据监控整个生产的情况，一旦发生预警或者异常，可以第一时间去处理。计划调度平台，计划部门通过平台下达计划，生产人员通过生产管理交互中心查看和执行计划，计划部门和生产部门高效无缝协同作业。

通过数字化改造，制造的业务从"问题驱动"转变为"数字驱动"。举两个例子：

第一个例子是 IQC 来料检验环节。传统的模式是收料员收料后，录入数量，收料员将收料单据交给来料检验人员，来料检验人员看到收料单据后，进行检验。现在扫码收料后，IQC 看板中立即会展示需要检验的物料，检验人员直接到待检区进行检验，中间减少了很多人为沟通的环节。

第二个例子是 SMT 机器上料环节。SMT 机器上料环节中有一个动作是续料，物料用完时，要及时续料。传统的模式是物料用完后，贴片机开始报警，产线人员看到报警再去找对应的物料进行更换，进行数字化改造后，物料处于低位时会在看板中预警，产线人员扫描设备码，根据系统的指引找到对应的料盘，提前做好更换物料的准备，类似的改善还有很多。

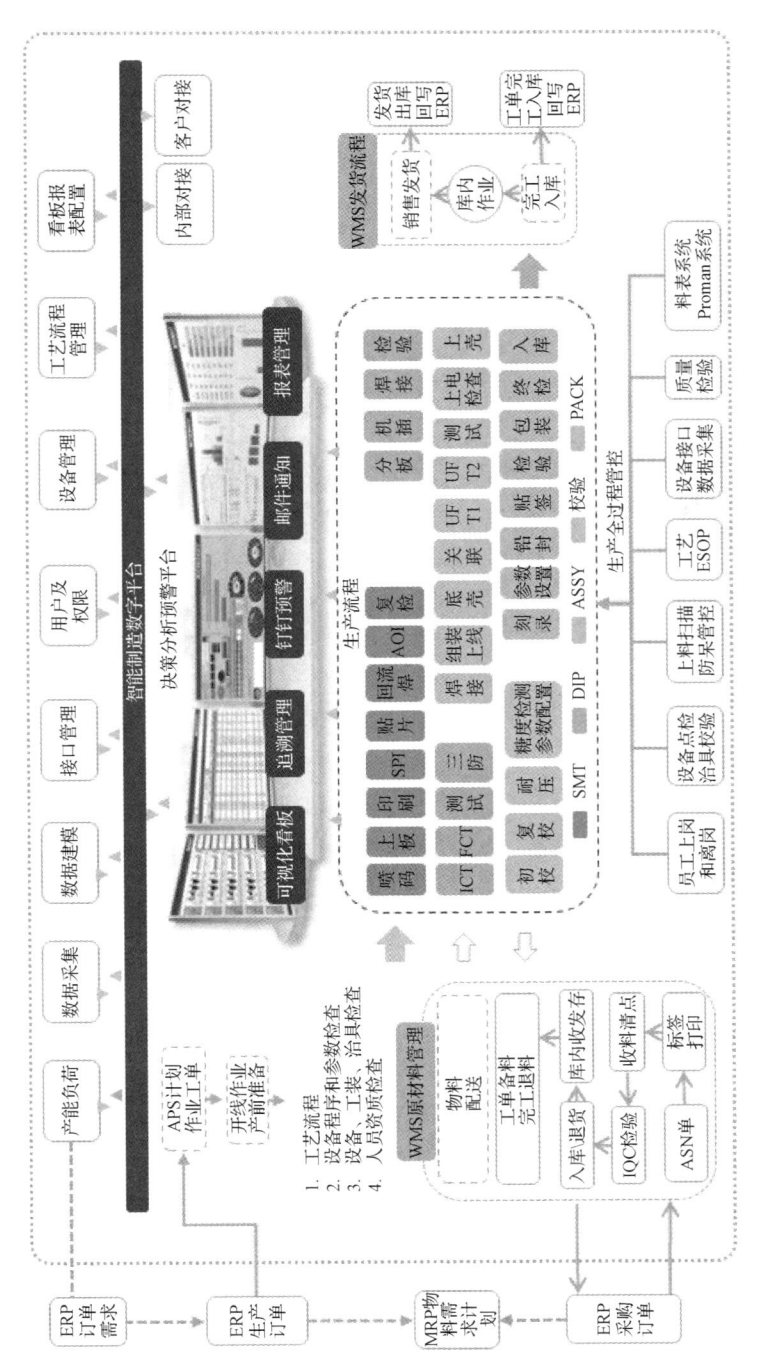

第 11 章 | 数字经济产业发展典型案例分析

乾程科技智能制造的业务全景图

189

数字经济大变革

供应链大数据

智能控制中心

生产管理交互中心

计划调度平台

智能制造现场的应用场景

五、计量云

计量云是乾程科技在数字化转型中的探索产品。在新冠疫情期间，公司分析了客户的痛点：海外客户下单后跟踪订单进度难，海外订单物流周期一般都比较长，要经过铁路、海运等物流过程，需要 7~30 天；而国内客户下单后很难亲临现场，有时候客户需要在生产过程中进行监造，当某个产品发生问题时，希望能第一时间定位其真实原因。

基于这些痛点，乾程科技于 2019 年成立研发团队，开发了这款产品——计量云，英文简称 IMC（Intelligent Measurement Cloud）。该产品分为上游、内部管理、下游三个部分：上游即客户中心，提供产品的全流程数据，实现在线远程监造，让客户在办公室就能实现对生产过程及产品质量的监督；内部管理即制造中心，深入优化企业内部的数字化业务；下游即供应商中心，对接汇总供应商的来料数据、生产数据、检验数据，推动生成产业链数字化闭环。

计量云客户端有六个模块，即订单、生产、质量、发货、留言、现场视频模块。客户可以通过系统查看自己的订单执行情况及历史订单情况；可以查看生产的状态，包括采购、排产、生产、校验、发货等状态。质量模块，可以根据订单查看产品的来料检验数据和生产过程检验数据，也可进行产品质量追溯。发货模块，可以查看订单的发货批次和物流位置。留言模块，可以线上与制造部门的负责人进行产品问题沟通。现场视频模块，客户可以随时进入该模块查看现场的生产视频，也可以通过 VR 远程参观企业展厅、智能工厂、实验室等。

乾程科技数字化转型总结：

第一，规划先行，企业成立数字化管理部门，与专业合作伙伴一起做出总体蓝图规划，在规划中要重点考虑解决什么问题：是提升质量，还是改善效率，或者是降低成本。第二，夯实基础，就是提升基础实力，与当今的信息化、网络化程度，以及自动化程度保持同步。第三，循序渐进，设备的改造、信息化系统的升级，都要由点及面、循序渐进地进行，从而达到企业整体效益的提升。软件、硬件投入后需要持续迭代更新，企业需要每年规划一定的预算支持。数字化转型的源头在于思维的转型，要做到高层重视、中层执行，只有这样，数字化转型才能为企业产生价值。

11.3 美立刻数字化转型之路

一、数字化转型背景

北京美立刻医疗器械有限公司（简称美立刻）是由清华大学、北京大学口腔医学团队在 2015 年联合创立的高新技术企业，是中国口腔医疗行业数字化转型的践行者和推动者，致力于为牙齿的隐形矫正提供稳妥、高效的全套解决方案。美立刻秉承精益求精、开拓创新的工匠精神，在材料研发、技术革新等方面不断突破，并在行业内得到了广泛认可。2016 年公司成功获得天使轮融资，完成了数字化口腔支撑平台的系统研发，启动了数字化 3D 打印设备、材料、扫描、医用膜片项目研发。2018 年正式在自有工厂投产，在材料研发、技术革新、全流程数字化等方面不断突破。截至 2020 年底，已有注册医生 8 万余名，覆盖全国 1620 个城市，为近 10 万名患者提供隐形矫治方案；同年入选北京"专精特新"中小企业，自动化生产线全面启动。

随着国家相关政策的深入推进和贯彻落实，5G、云计算、大数据、人工智能等新一代数字化信息技术加速渗透到经济和社会生活的各个领域，广泛展开应用和模式创新，支撑制造业、农业、金融、能源、物流等传统产业优化升级，为传统产业"赋智赋能"。在数字化信息时代，采用数字化信息技术解决管理过程中的问题，已经成为企业发展过程中的一项核心内容。

转型动因：优良的数字化转型基础和行业对于数字化转型的迫切需求。

美立刻一直秉持着成立时的发展战略：实现口腔产业的互联网化，做发现和创造口腔领袖的数字化平台。基于这样的愿景，美立刻在发展过程中不断调整、蓄力，积累数字化转型的基础。经过多年的摸索，美立刻在数字化产品、数字化平台、数字化运营体系等方面已经有了深厚的功底。时下全球产业信息基础大幅加强，海量数据源源不断地持续产生，不断推动劳动、技术、资本、市场等要素互联互通，推动着企业的数字化转型，也随之带来了主动把握数字化转型的巨大机会。对于口腔行业尤为明显，其市场高度碎片化、行业参差不齐、高新技术产品涌现等特点，都使得这个行业迫切需要数字化转型以进行全面的整合升级。数字化转型对于口腔行业是生死攸关的必经之路，口腔市场必将进入结构性变化的时代。

二、数字化转型实现路径

（一）以 CRM 系统为代表的多重数字化销售工具

美立刻数字化销售工具包括：城市经理管理系统、销售管理系统、电商分销系统、兼职分销员系统、海报营销系统、培训系统、微信管理系统、口腔用户管理 SaaS 系统，等等。

数字化销售工具的优点：

（1）建立系统的初期，与营销相关的主要是 CRM 系统，记录客户数据、潜在客户数据、交易数据，建立起私域数据库。随着数据内容的丰富，基于更全面的客户画像，逐步建立起主动投放系统，可以支持个性化定制营销方案。该阶段还是基于群画像，比如地区、门诊、客户等，这时候已经逐步有了"精准"的雏形。随着对门诊服务的深入探索，美立刻借助全新的微信管理技术平台，跨入以深度运营为主要应用场景的营销阶段，把客户—患者—产品—渠道打通，每个角色都做到以人的行为细分，行为、人都可以精确标签化，这样该领域未来的营销，将真正进入社交化时代，一对一，企业用最佳的渠道触达客户。

（2）数字化将成为销售业务发展的决定性因素。收集客户购买与决策的相关信息，为客户建立颗粒度极小的标签，并实现自动化管理。同时建立起客户与销售人员之间的信任机制，以销售为桥梁，快速反应和满足线上、线下的交易需求。

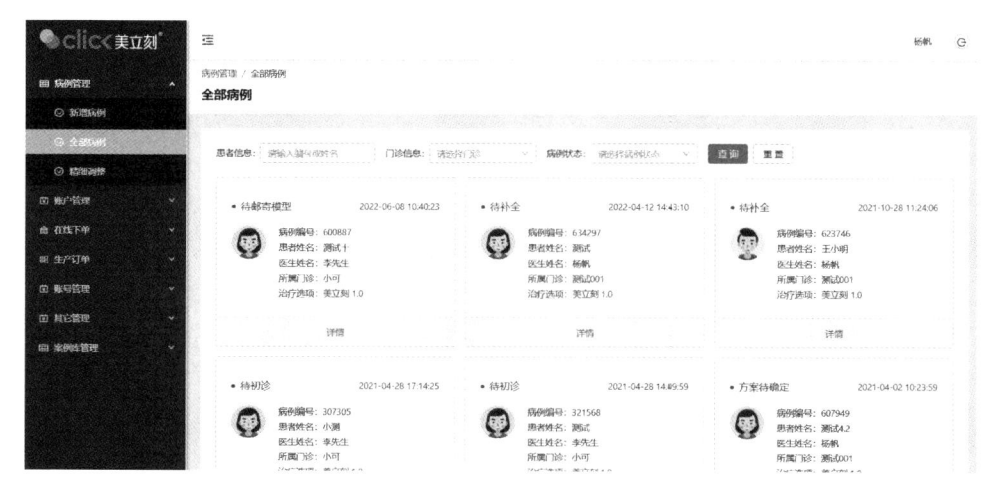

CRM 系统口腔客户管理模块

（二）Click OS 系统

Click OS 系统是美立刻研发的新一代人工智能排牙系统，是针对口腔病例的包含正畸参数建模技术、正畸测量技术、正畸诊断技术、正畸目标预测技术、正畸方案设计技术、正畸疗效监控技术、正畸排牙数据库、正畸方案决策技术等的综合处理系统。Click OS 通过对模型参数化、过程监控纠正以及方案决策技术进行创新，有效提升隐形矫正治疗效率，使矫治器结构更合理，提高矫治成功率。Click OS 系统正畸方案设计模块如下图所示。

Click OS 系统的主要优点有以下几点：

（1）Click OS 系统运用数字模型，将设计的效率大幅提升。它将牙齿模型参数化，统一诊断标准，简化治疗方案分析过程，融合临床正畸医生的成功排牙技术，可在提升设计效率的同时，减少矫治器损坏率。运用科学的数字模型技术，Click OS 极大提升了临床正畸医生与一线员工的工作效率，增强了产品的耐用性与科学性。

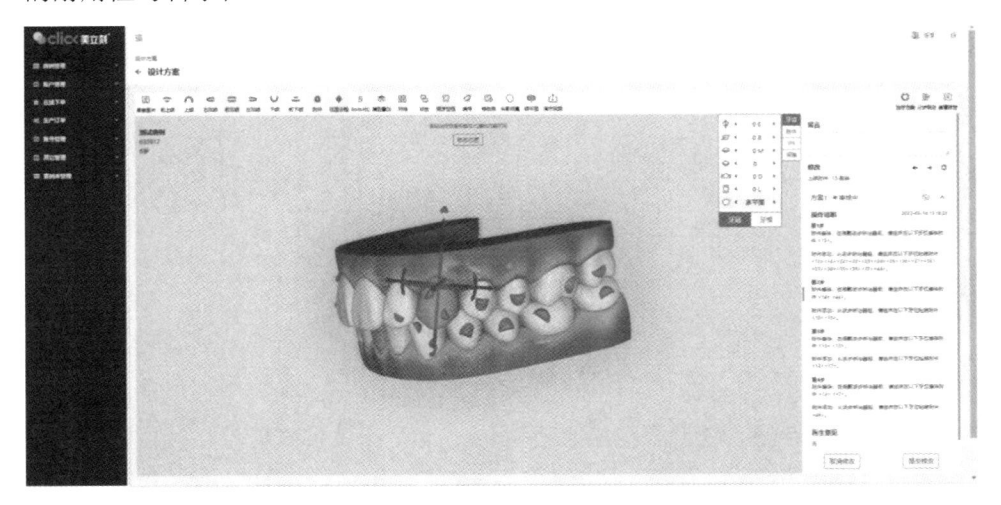

Click OS 系统正畸方案设计模块

（2）同时，Click OS 系统还会在每一次使用中参与大数据收集，不断地进行自主完善。通过加强对数据的收集、挖掘及分析，融合微调匹配技术，用大数据验证方案的可行性，增强治疗的连续性，提升正畸成功率。

（3）在客户资料系统的配合下，Click OS 系统还可以实现私人定制，私人定制化模块如下图所示。根据患者不同的牙齿情况，提供更精确的医学分析结论和临床路径规划，为患者提供相匹配的专属治疗方案。

（三）六大信息系统与其优点

（1）灵活的需求采集系统，建立敏捷开发能力。需求的采集依赖灵活的前端，包括每个角色的应用前端，比如接口端、医生端、运营端、预约系统，等等，能够准确获取个性化患者需求——不只是产品需求，也不只是患者的数据，还要有个性化的患者的需求、医生的需求、对生产的要求、业务人员的需求、口腔专家的需求，灵活的前端对开发的敏捷性要求是极高的。

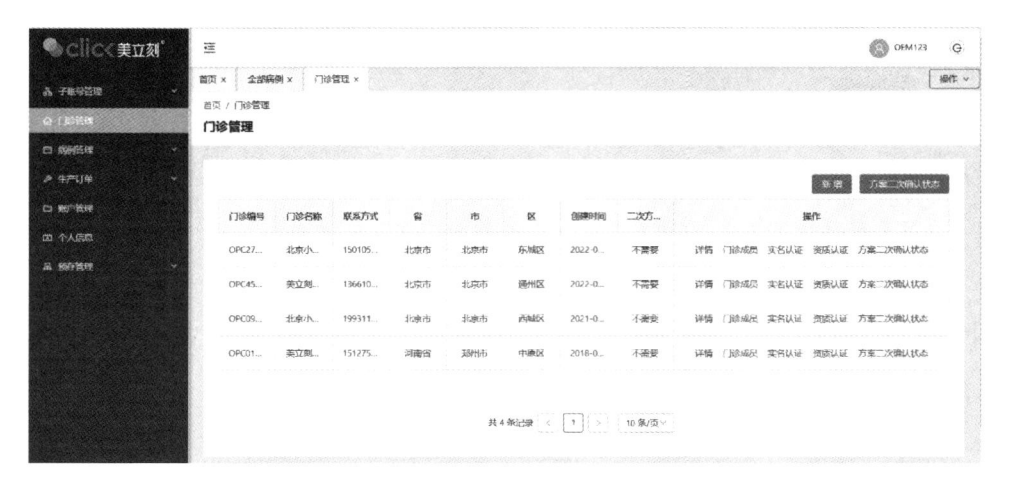

Click OS 系统私人定制化模块

（2）过程管理系统，平衡信息不对称。过程管理系统是需要后台处理的流程系统，比如口腔数据→CAD→生产→CAM，还有电商产品下单→订单审校→发货结算，等等。过程系统支持客户和企业信息不对称的平衡，有效传递个性化的需求，将需求全部转化成数据的形式，整合进公司线下的运营过程，实现流程上各个主体更有效的配合。

（3）信息处理系统，更加高效，提高管理维度。信息处理系统，包括医疗方案的设计，CAD/CAM 的转换，等等。比如，要将订单转化成虚拟的信息模型。将销售管理、订单管理、生产管理融合于一体的信息处理系统可以代替大量的人工，并且大大降低出错率。计算机的信息处理维度是远远高于人类的，有了这个工具，管理效率会大大提高。

（4）供应平台系统，探索开放价值，坚持平台化。所有供应系统，包括产品供应、生产供应、服务供应、专家供应，让所有的供应角色变被动接受为主动参与，授予其前所未有的权利。美立刻依托自研的供应平台系统，连接超过 2000 多个库存量单位（SKU）和十几类服务系统，包括医疗、耗材、定制化产品、定制化服务、综合解决方案、电商、培训、器械、软件等。

（5）数据分析系统，提升数字化智能能力。根据数据来进行管理和分析，很多信息不需要人工处理，而是由后台结合最实际的需求来进行复杂的计算，同时输出给前端，因此各个角色的响应速度就会极大提高。未来还有 AI 和大数据的介入，会形成难以估量的价值，数据处理系统会形成未来智能运营和智能制造的基本平台。

（6）赋能工具系统，积累"工具池"。仅仅赋予权利并不能真正激活每个角色，还需要简单、有效的工具来实现真正的赋能，激活了才是真正的有效。美立刻做了非常多的营销管理、活动运营、海报营销系统等工具，SaaS 化的工具系统可以为未来向其他领域扩展建立"工具池"。下图为美立刻海报营销系统。

美立刻海报营销系统

三、数字化转型带来的价值

数字化转型允许美立刻利用信息化手段强化价值链协同、满足客户需求。规划思路从真正的口腔产业和用户需求出发，包括收入增加、成本控制和效率提升，侧重利益相关方的赋能（牙医、终端患者、合作伙伴、供应商和产业链条上的决策者等），口腔产业互联网系统从管理向赋能转变，获得高效、全方位的价值提升。

数字化助力美立刻进入生态化阶段，而生态化企业的竞争力会是强悍而独特的。数字化会是口腔生态化的第一个阶段。生态化阶段的企业，开放性会越来越充分，数据可以驱动自动"聚合"，可以孕育出新的技术，催生完全不同的商业形态或者商业角色。

处在信息时代的发展洪流中，口腔行业一直在发生着快速而剧烈的变化。从历史来看，只有不断调整自身战略的公司才能够突围。企业的信息化、数字化会向着更加智能、更加便捷高效的方向演进。因此，坚持探索数字化转型，并在实践中不断精进、在尝试中不断调整的核心发展战略将会是美立刻从一而终的"初心"。

11.4 山东德鲁泰信息科技股份有限公司数字化转型之路

一、数字化转型背景

山东德鲁泰信息科技股份有限公司前身是山东德鲁泰计量科技有限公司，成立于 2006 年 1 月 16 日，于 2016 年 7 月 19 日成为新三板挂牌公司。公司总部位于山东省会泉城济南，是一家集设备研发、生产、销售、服务于一体的综合型高新技术公司，目前公司通过了 ISO9001：2015 质量管理体系认证、ISO14001 环境管理体系认证、OHSA18001 职业健康与安全管理体系认证、省级高新公司认证、双软公司认证等，公司多次荣获山东省科学技术奖、中国公路学会科学技术奖，公司拥有多项发明专利与计算机软件著作权，拥有强大的自主研发能力。公司主要从事高速公路、国省道治超非现场执法系统及相关智能交通系统的设计生产、施工安装和售后服务，凭借较高的技术水平、稳定的研发队伍及丰富的项目经验，为各地的交通建设管理主体，包括各地交通厅、市城乡交通运输局、高速公路管理局、交通投资集团公司、高速公路建设公司等提供自主研发的高性能产品与售后服务。

数字化大潮中,公司如逆水行舟、不进则退。加强公司数据应用体系建设,强化生产过程中数据的收集,便于以后对数据进行整合、分析,从而将得出的结论应用在公司的日常生产、产品研发、市场销售、经营管理、信息系统、自动化设备等过程中,最终完成数据—信息—管理的跃迁,实现数据资源对公司的全面赋能,帮助公司实现持续增长。

转型动因:紧跟数字化时代节奏。

数字化时代的来临使人们逐渐意识到数字资产对一个公司的重要性。通过对从公司日常经营中抓取和挖掘出的数据进行分析,数据使用者可以获得专业、科学、准确的信息支撑,从而达到帮助公司决策、降低生产成本、优化运营效率、提升客户满意度、提高经济效益的目的。

二、实现路径

(一)焊接机器人的应用

数据化是智能化的前提,没有数据支持无法实现智能化。随着科技水平的进步,人们对焊接质量的要求也越来越高。自动化生产要求减少人力,提高产品一致性和产品质量,使之更适合大批量生产,降低生产成本,提高生产效率。然而,在进行人工焊接时,由于受到技术水平、疲劳程度、生理极限、责任心等客观和主观因素的影响,工人难以较长时间保持焊接工作的稳定性和一致性。而且,由于焊接恶劣的工作条件,愿意从事手工焊接的人逐年减少,熟练的技术工人更有短缺的趋势。可以说,焊接机器人很大程度上满足了焊接自动化的要求,众所周知,焊接作业对人体危害很大,有较多职业病风险,人工成本较高。为满足高速秤的焊接,公司采购了 6 轴加第 7 轨道组合式机器人,焊接范围更广,作业长度增加。该公司使用的焊接机器人如下。

焊接机器人

(二) 焊接机器人优势

(1) 提高产品质量。在焊接机器人工作过程中,只要给出焊接参数和轨迹,机器人就会准确地重复此操作。焊接参数,例如焊接电流、焊接电压、焊接速度和焊丝干伸长度等,在焊接效果中起着决定性的作用。当使用焊接机器人时,每一个焊缝的焊接质量能以数值的形式反映出来,保持焊接参数恒定,则焊接质量不会同手工焊接一样受人为因素的影响,焊接质量可以保持稳定。在手工焊接时,焊接速度、焊丝干伸长度等都在变化,因此很难达到质量均匀性,从而无法保证产品的质量,而焊接机器人可以解决这一问题。焊接过程图和效果图如下。

(2) 提高生产效率。焊接机器人响应时间短,动作快,焊接速度为 60~120 cm/min,该速度远高于不停手工作业的人工焊接速度(40~60 cm/min),而且工人的工作效率还受情绪、身体状况、员工离岗等因素的影响。并且工人加班工作需要给予加班费,而机器人不需要,只要外部水、电等条件满足,就可以持续工作。六轴机器人配合外部轴焊接范围大,可以对多种焊缝进行焊接,并且可以逐步提高速度，提高生产效率。随着技术的进步，机器人软件的更新换代效率还会不断提升。质量方面，六轴机器人性能稳定，可以实现十年无故障，这也在无形中提高了公司的生产效率。

焊接过程图

焊接效果图

（3）降低公司成本。机器人降低公司成本主要体现在机器人的大规模生产上。一台机器人可以替代2~4名工人，根据焊接内容的具体情况，替代人数有所不同。并且机器人没有疲劳一说，可以一天 24 小时连续生产，不需要吃饭休息，只需要定期维护保养。随着高速、高效焊接技术的应用，机器人正在被人们广泛使用，有更多的厂家加入设计生产这一行业，导致机器人价格不断降低，公司购买机器人所需成本降低更为明显。

（4）解放劳动强度，预防职业病危害。焊接机器人工作时，不需要人工进行干预。操作人员的工作只是输入焊接编程，之后便可远离焊接机器人的操作范围，通过示教器实时监测焊接过程。在每天的工作完成后，操作人员只需要清理焊接机器人本体以及周围的杂质，定期检修和保养焊接机器人。相比于传统手工焊接，大大解放了工人的劳动强度。

焊接生产车间里会产生高噪音、高污染，这样的生产环境会对工人的身体造成一定的伤害，长时间进行焊接工作会影响身体健康。而且，环境恶劣的生产车间会造成焊接质量不稳定，工人积极性也不高，而焊接机器人可以在恶劣的环境下正常工作，代替工人进行焊接。

因此，焊接机器人不仅可以提高生产效率，还可以保证产品质量，降低生产成本，也可以更好地保护工人，改善工作强度，为公司吸引、留住更多人才，这都是公司坚实发展的基础。公司将设备生产的工作方式从人工焊接状态逐步转移到机器人自动焊接模式，让传统的人工经营和管理逐步转变成自动化管理，从而大大提高了工作效率，提升了工作时效，节约了人力成本，让公司管理变得更加便捷、高效、智能。

同时，焊接作业也是公司的主要生产工艺之一，时代的发展使公司经营者更加了解现代市场焊接的自动化对助力公司发展所带来的价值。公司也将通过自动化技术研发更多项目，如正在开辟的 5G 智慧灯杆项目，便是利用自动化、信息化的技术优势，不断拓展自身业务范围，提高业务能力。

(三)ERP 系统的使用

对制造业公司来说,数字化转型就是对业务过程的重塑,ERP 系统满足了公司搭建业务经营流程并从众多数据中筛选有效信息进行分析的需要。对公司来说,完整的、准确的、唯一的、及时的数据信息不仅能为公司提供可信的财务数据,更能帮助管理层整体把控业务、推进流程和拓展市场规模。准确的业务数据汇总是实现业务分析的基础。

(四)钉钉背后的数字化应用

钉钉助力公司实现经营管理的数字化和在线化。

下图为"钉钉"系统工作台页面,拥有 OA 审批、签到、日志等多项应用。

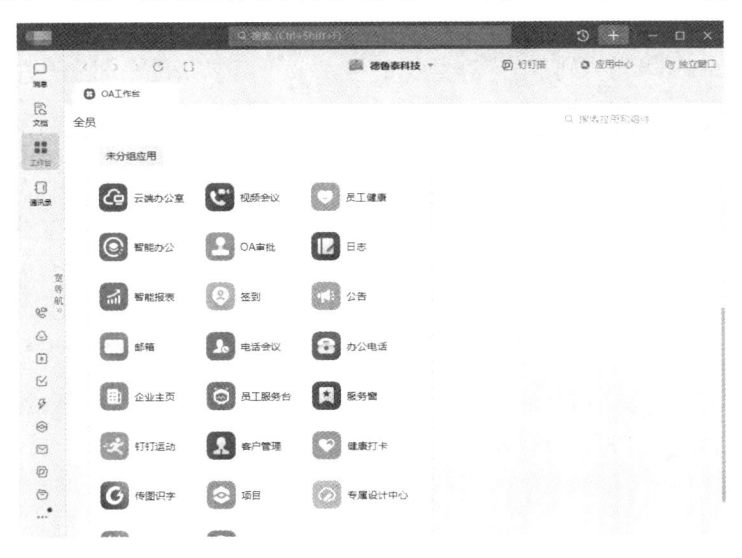

"钉钉"系统工作台页面

OA 审批中包含通用审批、费用审批、盖章业务审批、档案借阅、加班补卡申请、备用金申请、办公物品领用等多项审批流程。公司员工可按照办公需求自行发起审批,经相关负责人审批之后方可办理。审批过程中涉及的所有资料均有留底保存,便于后期对工作及项目进展情况进行监督与总结。

钉钉的应用囊括了人事、财务、采购、合同管理、项目管理等多项功能，将公司运营数字化，使数字化深入到生产制造、经营管理等多项流程中，最终实现为公司的规划发展提供精准的决策依据和支撑。

三、数字化转型带来的价值

作为制造业公司，公司在数字化转型的道路上还有很长的路要走。随着公司的发展，经营过程中产生的数据呈几何倍数增长。公司引入的各种软件将公司的历史数据和不断产生的增量数据进行实时记录，通过后台的数据汇总、数据分析，配合市场观测进而得出领先竞争对手的正确决策，这能帮助公司开源，足以带给公司巨大的利益。

此外，将原本杂乱的数据进行分类与对比能降低公司经营过程中的各项成本，做到节流。销售数据与库存数据的汇总分析可以帮助公司实现按需生产，从而降低生产成本。采购时记录的价格、产地、用途等数据，结合后期的使用评价也可以帮助公司选出物美价廉的原材料，从而降低采购成本。仓储的材料既不能太多以至于闲置浪费，也不能太少而影响销售，追寻储存与生产的平衡点能降低公司的库存成本。

可以预见，各行各业的数字化竞争将逐步加剧，只有进行数字化转型的公司才能在数据信息化时代中生存。公司将顺应时代发展趋势，在传统企业向数字化企业转型的道路上不断摸索前进。

11.5 易宝支付有限公司助力产业数字化转型之路

一、支付助力产业数字化转型背景

资金处理是企业运营的核心环节，对于大多数企业来说，技术开发能力有限，少有甚至没有自己的技术团队。对于收付款和资金处理这种高要求的系统难以独自维护。交易系统的开发涉及支付对接、订单系统、账务系统等模块，开发耗时，并需要不断维护升级。由于成本及备份需要，往往需对接多家支付公司，但每家技术标准不一，需要多次重复开发。而多变的交易场景、多渠道运营和财务人员账务管理均十分复杂。在支付行业专业化和规范化的趋势下，给企业提出了更高的支付和交易系统设计及业务规划的能力要求。在某些行业存在上下游复杂的供应链关系，需要多层的商户管理系统与资金处理流程。而风险和数据方面更高的技术要求和经验与数据积累，更是中小企业难以独立完成的部分。多个系统如何有效相互支撑，解决复杂信息处理与信息孤岛的问题，都需要成熟的行业经验和完整的解决方案。

针对以上企业痛点，易宝支付为企业直接提供一揽子中台服务方案，实现企业低成本的线上管理，有效地提高了企业作业效率，解决了多系统之间的复杂信息处理问题，让企业数字化转型可实现。

二、支付助力产业数字化转型实现路径

易宝支付相信"用交易连接一切"的发展理念，坚信在不久的未来，支付终将成为新商业的流量入口。在这样的信念下，易宝支付推出统一的支付平台，把这样的信念产品化、技术化、服务化地带给每一个新时代背景下的企业。

统一支付平台为企业提供统一的核心服务系统，帮助企业安全、高效地在线化运营：聚合支付，聚合所有国内主流支付渠道和国际支付渠道，满足丰富的交易场景需求；对账服务，全面自动化处理，智能容错，让交易更加可靠；风控系统，依托大数据平台，从规则控制与监控两方面将交易风险降至最低；数据分析，通过交易数据看板帮助企业洞察业务问题，实现精细化运营；商户系统，通过云平台轻松灵活实现多级商户的分销、分润管理。

在聚合支付方面，统一支付平台实现了主流通道的全面覆盖，包括多家国

内外支付公司,多种支付方式全面接入完成,签约即可使用。支持多商户、多场景交易,提供 API/SDK 调用,实现代码标准化与文档标准化,使商户可以简单完成支付系统的对接。一次接入,轻松拥有多支付渠道能力。智能的路由系统从渠道、产品、通道三个层面帮助商户选择每一笔交易最适合的合作伙伴。易宝支付以客户体验为核心,逐步拓展国内外支付渠道,形成支付渠道的标准化体系:对接的第三方支付通道和银行通道都采用相同的安全接入标准,在统一支付平台通过灵活的参数配置管理各支付通道的平稳运行。对各电子渠道,提供统一的标准接口。商户后期运维十分简单。

自动对账系统提供支付数据与业务数据的多渠道、多平台统一对账服务。原有的结算方式,财务人员需要人工去下载不同销售渠道和支付方式的报表,人工完成比对,人工寻找差异。随着业务量的不断增大,原有的人工方式变得异常烦琐复杂。通过电商收入结算系统,可以帮助财务结算人员完成不同渠道和产品的订单管理、差异数据核对和审核,实时进行数据处理和跟踪,符合未来电子商务收入结算方式的发展趋势,实现系统自动化办公。系统可以直接替代人工处理纷繁复杂的电子商务订单数据,提升了工作效率。降低了现有和未来人工操作成本,也能够适应电商业务的超速发展。系统可采集各供应商信息、手续费比率、协议保函等信息用于监控供应商异常情况,预警协议保函有效期,分析交易情况,保证资金安全,从而达到电子商务风险管控的目的。针对商户情况,在结算系统现有功能的基础上,引入数据对接、数据匹配、差异处理、数据统计分析、报表管理、自动账务、权限管理等功能及服务。数据对接方面,实现多渠道采购数据、销售数据的接入;实现资金数据的接入;支持系统对接、人工录入、报表导入等多种数据对接形式。数据匹配方面,实现多种产品的采购数据与销售数据的匹配核对、销售数据与资金数据的匹配核对功能,以及差异处理功能。

风控体系支持通道限额限次、黑白名单等灵活设置,并依据企业授权进行系统、交易、支付等多层面的监控和配套通知、管理。通过统一支付平台的监控体系，对交易数据、服务器、系统调用等实时监控，并打通办公系统，事前及时预警发现故障，事后提供翔实的数据用于追查定位问题。多元化的风控（风险控制）体系，为交易保驾护航，支持平台风控、易宝风控、第三方风控、外卡风控的组合，如下图。

平台风控
- 统一支付平台，自建风控体系，可以根据实际需求进行扩展

易宝风控
- 易宝支付的风控系统，可以在交易过程中提供风控能力
- 易宝支付可以联合商户，共同构建风险控制模型

第三方风控
- 统一支付平台可以对接第三方风控系统，增强自身风控能力

外卡风控
- 可以通过CyberSource等，获得外卡风控能力

多元风控组合

数据分析模块则是基于交易闭环的数据商业智能系统，发现交易数据背后"隐而不现"的信息，高效分析业务问题。针对不同产品类型从销售渠道、供应商、支付公司等不同维度进行数据分析，形成可视化的便捷操作。报表方面，实现报表的分类管理、导入/导出模板配置、自定义报表表头、报表数据展示等功能。在权限管理上，实现页面权限控制、报表权限控制功能。在自动账务管理上，实现采购模块、销售模块、资金模块的审定报告自动生成功能，实现自动账务。商户体系方面，除实现上文介绍的产品功能外，还实现了数据隔离与配置信息隔离，使得不同权限的操作人员看到的信息不同。

商户系统是针对多级商户场景的支付系统解决方案。无论平台、代理、分销还是任何复杂的商业形态，均可利用商户系统对店铺、代理商及分销商进行层级管理，全局把控交易和账务，实现高效灵活的分润管理。专业的核算系统，助力企业高效作业；完善的账户体系，帮助客户快速梳理商户结构，搭建复杂场景下

的商户关系，便捷管理商户层级和基本信息；高效的分润管理，提供针对平台、代理、分销形态的分润模型，轻松实现不同场景下的高效分润；灵活的结算配置，支持定制化的结算方式和多样化的结算周期，满足多种多样的结算需求。

三、支付助力产业数字化转型带来的价值

易宝支付统一支付平台以中台形式提供企业综合解决方案，将传统的人工业务线上化，将线上各异的业务整合平台化。包括但不限于聚合支付、钱包、对账、风控、数据分析、商户系统模块。打包提供给商户完整、合理的内外部运营支持。在提高企业运营效率、降低运营成本的同时，形成数据化决策依据，帮助企业数字化转型。

在此基础上，企业可建设具有高度可伸缩性、可扩展性的系统，能够快速响应业务需求，为企业未来的业务创新和发展打下坚实的、全方位的数字化基础。

11.6　徐州拓普互动智能科技有限公司数字化转型之路

一、数字化转型背景

徐州拓普互动智能科技有限公司（下文简称拓普）成立于 2016 年，是由徐州拓普电气设备有限公司虚拟现实事业部发展而来的。公司总部位于淮海经济区中心城市徐州，是一家集 VR/AR 技术、模拟设备研发、生产、销售、服务于一体的综合型高新技术企业。2017 年，拓普成立江苏悠娱部落智能科技有限公司，作为拓普互动运营 VR 娱乐品牌；2018 年，拓普携手上海研究院 808 所共同成立拓普虚拟现实技术研究院（江苏）有限公司，并落成拓普 VR 研究院展示中心，围绕 VR 产业技术创新链，打造集产业共性关键技术研发、科技成果转化、产业技术服务等活动于一体的公共技术创新服务平台，强力

推动虚拟现实技术的产学研一体化建设。目前拓普拥有近万平现代标准化生产基地，是华东、华中地区有影响力的 VR 虚拟现实设备实体源头厂家，经营范围包含虚拟现实技术，增强现实技术，体感模拟设备的研发、设计与生产，产品广泛应用于教育、文旅、医疗、娱乐等领域。产品系列包括 VR 太空舱、体感赛车等。

随着国家相关政策的深入推进和贯彻落实，5G、云计算、大数据、人工智能等新一代数字化信息技术加速渗透到经济和社会生活的各个领域，并广泛展开应用和模式创新，支撑制造业、农业、金融、能源、物流等传统产业优化升级，为传统产业"赋智赋能"。处于数字化信息时代，采用数字化信息技术解决管理过程中的问题，已经成为企业发展过程中的一项核心内容。

转型动因：新冠疫情带来的特殊形势。

2020 年以来，新冠疫情影响着社会环境，企业清醒地认识到，新的危机同样也孕育新的机遇。数字化可以加速行业更迭，孕育出新的服务模式和运营思路，数字化转型不仅是技术应用上的变革，更是一种思维方式的转变。在大环境的影响下，企业更加需要数字化运营和管理模式的更新，让传统的人工经营和管理逐步转变成数字化管理，从而达到提高工作效率的目的。

二、数字化转型实现路径

（一）使用 ERP 系统

ERP 系统配置灵巧，企业可根据实际情况自定义符合自身需求的功能。企业全面导入 ERP 系统后使整体的数据信息透明化，企业员工能够轻松制订各类计划方案，保证每一个阶段的物料、人员、设备、资金的平稳。同时 ERP 系统实施方便、使用简单，全面的数据信息管理，使全公司每位员工在工作中每一个阶段都能保持深层联动。ERP 系统的建设和实施，在一定程度上解决了信息不互通、沟通费时等部分显性难题，使得企业内部全流程工作效率大幅度提升，流程更加高效科学，跨部门协作沟通成本降低。ERP 系统流程图如下。

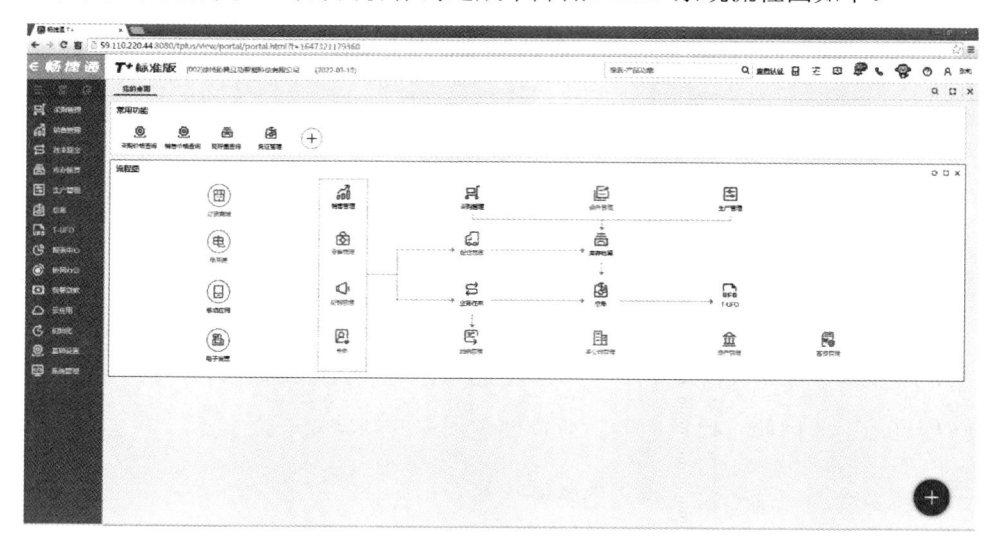

ERP 系统流程图

（二）导入 CRM 系统（客户关系管理系统）

企业通过导入 CRM 系统，实现销售流程管理和客户数据管理。CRM 系统的优点主要包括以下几点：

（1）全方位记录客户信息。CRM 系统方便、快捷地记录客户信息，能快速查询客户所需资料，确保不会因为销售人员的离开而造成客户资料的丢失。CRM 系统对客户资料的管理是全方位的，主要包括客户的基本资料（如姓名、性别、职业等）和客户的动态资料（咨询记录、购买记录、售后记录等）的管理，这些资料都可以根据情况进行更改和补充，随时随地更新客户的信息，保证企业对客户了解的全面性，从而更好地促进成交。

（2）极大改善销售流程。由于 CRM 系统建立了客户与企业打交道的统一平台，并且将销售、售后、客户关怀连成一个有机的整体，客户与企业一接触就可以完成多项业务，因此办事效率大大提高。另一方面，软件自动化程度的提高，使得很多重复性的工作（如批量发邮件、短信）都可以由系统完成，员工可以利用有限的时间去做更有价值的工作。销售人员可以全方位地捕捉到客户的需求，加速对客户需求的响应速度，从而更好地促进成交。此外，CRM 系统可以帮助企业实现一对一营销，一个销售员对应一个客户经理，避免撞单现象的发生，提升工作效率，增强团队凝聚力。

（3）提升服务效率，满足客户需求。CRM 系统全方位管理客户信息，根据销售和服务历史为客户提供个性化的服务，及时解决客户问题，提升客户满意度与忠诚度。CRM 系统可以根据需求添加服务单。服务单一方面对应到客户，销售人员可以通过查看服务单，对客户产生更全面的认识，从而更好地为其提供销售服务；另一方面，服务单还会汇总在系统之中，对于客户关注度比较高的问题或者出现比较多的问题，可以进行系统的整理和分析，并进行反馈和处理，提升客户满意度。此外，CRM 系统还可以添加提醒，根据提醒定期对客户进行回访，定期发送生日祝福或者节日问候，做好客户关怀。

（4）提供大量专业的"侦察报告"。CRM 提供了大量的"侦察报告"，包括市场趋势、倾向以及竞争对手的弱点等。这些报告能帮助企业更好地了解客户行为，分析客户喜好，并有针对性地提供更优秀的产品及服务。CRM 的数据分析系统包含了员工线索数据分析、员工客户分析、员工商机分析、销售漏斗分析、商机趋势分析、员工的沟通日志、电话记录分析等，企业还可以根据自己的需求自定义需要分析的数据。筛选需要统计分析的关键字，系统自动从多个维度、多个方面对数据进行分析，管理人员可以从数据分析的结果中得出企业的经营状况以及主要客户的特征，进而对企业下一步的规划做出调整。

（三）钉钉的全面使用

钉钉的全面使用，让企业真正做到"管理更高效、流程更统一、权责更分

明",钉钉的引入对企业发展有以下好处:

(1)组织在线。实现权责清晰,资源共享,管理扁平化、可视化,更加高效、轻松地找到每一位公司同事。

(2)沟通在线。高效存储安全,真正让现实与工作分离。钉钉可以帮助企业员工利用碎片化时间,更加专注在工作领域,提升沟通效率。

(3)协同在线。任务协同、工作流程协同,实现知识经验的沉淀和共享,给企业带来更加便捷的工作方式。

(4)业务在线。业务行为移动化、智能化、数字化。在钉钉的场景里面,仅仅通过一部手机,就随时可以把客户、把当天要做的事情做展示,通过在移动端的应用,对手头上的业务事件逐一完成处理,同时这些数据全部集中在钉钉背后阿里云的技术端。

(5)生态在线。通过在数据端的应用,对联系到的客户做回访和深度开发。可以通过手机、电脑,与上下游客户在线连接,同时可以把所有企业级的应用全部放在钉钉的平台上,钉钉还能为单一用户提供多点登录的工作场景,在这个场景下可以把所有的工作处理集中在一点之上。

三、数字化转型带来的价值

公司将组织管理、运营、人力资源管理和其他业务行为从线下状态转移到线上模式,在业务管理过程中连接起各种交流活动,让传统的人工经营和管理逐步转变成数字化管理,从而大大提高了工作效率,让公司管理变得更加便捷、高效、智能。

同时数字化作为公司的主营业务之一,使公司管理者更加了解现代市场对于数字化的需求以及助力企业发展所带来的价值。我们也通过数字技术为越来越多的行业赋能,日益普及的智慧化展厅大量应用数字技术和 VR 技术,如党建展馆、科普展厅、企业展厅、智慧化展览等，更加酷炫、更加直观地展现内容，为企业赋能。

以下是数字化技术行业应用案例、消防安全科普展馆案例、智慧党建展馆案例和科普教育展馆案例。

数字化技术行业应用案例

消防安全科普展馆案例

数字经济大变革

智慧党建展馆案例

科普教育展馆案例

当前的时代是信息化高速发展，并不断深入社会生活各个领域的时代。企业的信息化、数字化会向着更加智能、更加便捷高效的方向演进。因此，企业要想在不断更新的市场竞争环境中不被淘汰且长久发展，必然要将数字化转型作为重中之重的发展战略。数字化转型已经成为众多企业，尤其传统产业中一些优秀企业发展的必由之路。

11.7　江苏新蝶助力数字化转型之路

一、数字化转型背景

徐州九鼎机电成立时间长、产品种类众多，具有定制化程度高、工序复杂、品种多、定制周期短的特点，而且存在因客户需求不均衡、批量较小、生产计划插单较多而导致生产现场混乱的管理问题。

项目动因：成长的烦恼——危机的管理和管理的危机。

随着企业快速发展，原有的粗放式管理模式暴露出了诸多问题，突出表现在以下三个方面。

（一）系统化标准操作程序缺失

由于没有系统化的管理程序及操作规程，图纸变更后，生产人员与设计人员无法实时协同，经常出现图纸已经变更，而现场还在参照原版图纸进行生产的情况，最终导致材料浪费。

（二）企业基础数据不完善

物料分类粗放，维护缺乏严谨的流程和管控办法，数据关系错乱，一物多码、一种工序多种名称等现象较为普遍，导致参考工艺图纸错误，直接影响产品质量，加大车间现场管理难度。

（三）生产现场数据滞后，业务流程失控。

一线生产工人的报工数据需要统计员进行统计，一周汇报一次，生产现场的"黑盒子"现象突出，生产现场的浪费严重。

车间计划不严谨，加之信息传递失真，生产人员若随意增加车间计划，就会造成同一个时间段、同一个产品有若干个任务单的情况。

二、数字化转型实现路径

（一）整体解决方案

为改善企业管理问题，实现发展目标，徐州九鼎机电选择江苏新蝶数字集团作为数字化转型的合作伙伴。

江苏新蝶数字集团由江苏新蝶数字科技有限公司（原徐州金蝶软件有限公司）、徐州新云网络科技有限公司等7家独立法人单位发展组建，专注为企业、政府数字化转型提供规划设计、开发实施、集成应用、诊断咨询、运行维护等服务。24年来江苏新蝶在行业内不断沉淀，为企事业单位打造了企业资源计划管理平台（ERP）、智能制造平台（MOM）、数字化人力资源管理平台（s-HR）、大数据分析与决策平台（BI）等多项应用，助力企事业单位数字化转型，同时江苏新蝶拥有强大的开发团队，解决企业数字化转型过程中的难题。

江苏新蝶数字集团为徐州九鼎机电规划了业务应用蓝图及详尽、周密的数字化落地方案。

（1）源头：建立基础资料的标准维护流程，严格限制权限及科目分级，确保进入系统的同一个物料只有一个名称、规格的描述。

（2）流程：重新定义"订单—销售计划—任务单—工序派工单—工序汇报单—入库单"的业务流程主线，确认唯一检索关系，重新规划产品制造过程的细节。

（3）数字化：建立"透明车间"，利用触摸屏等构建生产过程在制品数据、工序派工数据和检验数据的汇报机制。

（二）项目实现过程。

在江苏新蝶数字集团的帮助下，徐州九鼎机电在生产车间部署了新蝶的智慧工厂数字化解决方案，利用"软硬一体"的优势，基于屏幕和条码，快速实现了生产现场的全程数字化。

计划人员在办公室的 PC 端下达任务后，生产现场的智慧终端自动接收任务，通过现场的智慧终端，计划人员根据最新生产执行情况进行生产计划的调整与生产任务的下达。

车间主管根据智能终端接收的任务安排计划进行派工，任务分配到具体的班组、班次、资源、设备、操作工，并明确规定任务的"计划开始时间"与"计划结束时间"，实现任务准确分配，现场日计划不再是无人知晓的"黑盒子"，而是人人都明确的任务分工。派工界面如下图所示。

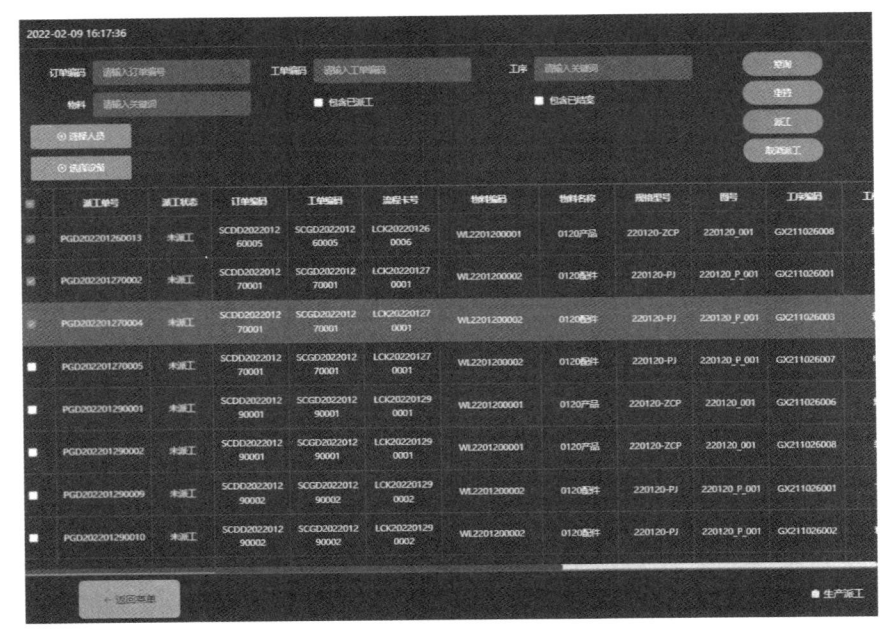

派工

数字经济大变革

操作工通过任务"条码"，首先查看当天需要处理的任务和需要注意的问题，打开"技术文档"详细阅读本生产任务的SOP。准备工作做好后，开始加工，点击"工序开工"；结束后，点击"工序报工"及时汇报自己的进度。在线查看图纸如右图所示。

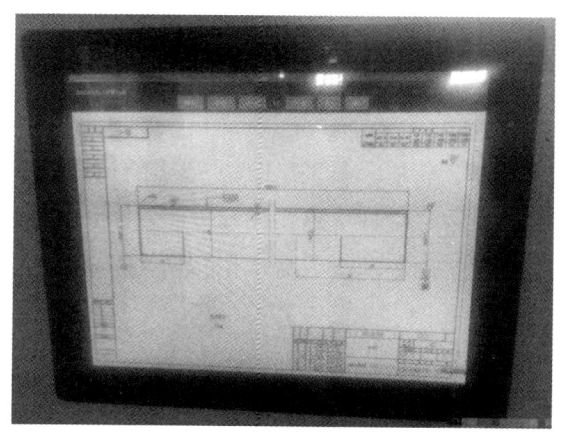

在线查看图纸

质检员通过触摸屏等可实时采集现场质量数据，系统可以严格控制首检、巡检、终检过程，质检任务能够主动提醒质检员，标准化的质检方案可以规范现场质检流程。质检数据可被实时记录并与产品批次绑定，通过产品批次追溯分析，可快速定位问题所在，解决关键问题，从而不断提升产品质量。生产检验如下图所示。

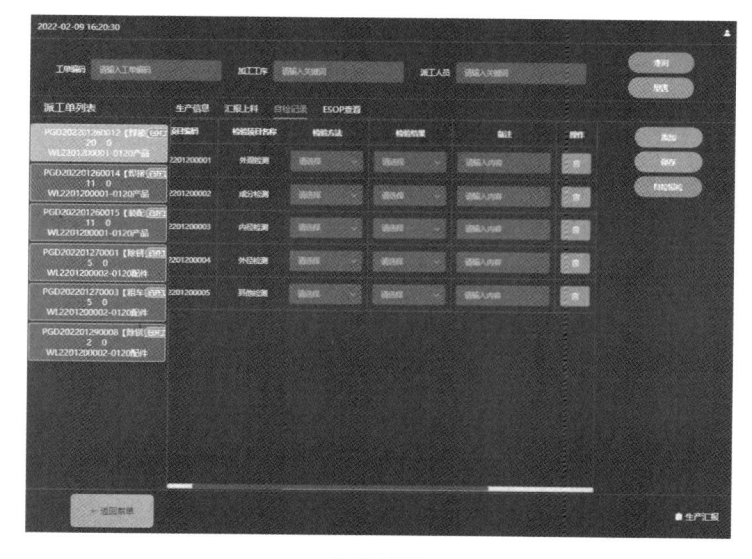

生产检验

生产现场的数据通过智能终端和车间条码及时采集到系统，生产调度员、车间主管则可以通过电子看板随时关注实时进度和交货情况。看板管理如下图所示。

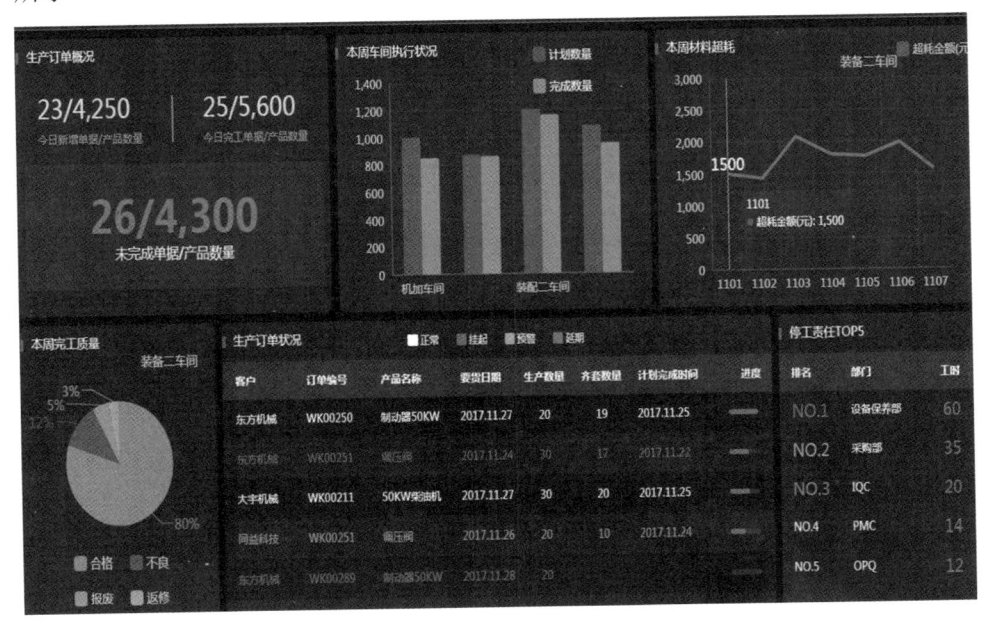

看板管理

三、数字化转型带来的价值

（一）生产现场管理透明化

通过触摸屏等完成各个工序数据的采集，实时掌控生产进度，提升调度与执行的响应速度和生产执行的标准化、流程化管控能力；计划人员可根据实时数据合理调整现场计划，做到派工有据可查；厂内、厂外协同更加精细化，上下游数据清晰可查。

（二）品质跟踪/品质改善持续化

通过首检验、原料检验、工序检验和成本检验，可全面记录产品各环节的质量信息；通过产品批次追溯分析，可快速定位问题，缩小处理范围；通过不良原因分析，可快速找出问题根源，不断提升产品质量；通过江苏新蝶MES系统的质量追溯功能，可实现事前防范、事中控制、事后追溯的目标，全面提升企业质量管控能力及质量分析能力。

（三）企业管理迈向数字化

系统实施后很多管理环节都有了可靠的数据支撑，数据的准确性、即时性使得企业具备了对关键绩效指标进行实时洞察的能力，工作数据覆盖全面，为管理决策提供了更加完整的数据分析依据。

11.8　中工创智信息科技（江苏）有限公司数字化转型之路

一、数字化转型背景

中工创智信息科技（江苏）有限公司（以下简称中工创智）成立于2019年08月19日，注册地位于徐州市泉山区，是致力于工业物联网产品研发和应用的创新型企业。公司深刻理解中国制造业的现状和实际需要，综合运用大数据、云计算、边缘计算、多普勒雷达等前沿技术，为制造业客户提供设备无线联网、数据采集、数据分析、远程控制、设备全生命质期管理等基础服务，以及行业信息和资源整合等增值服务，帮助客户提升整体竞争力，助力"中国制造"向"中国智造"升级，推动中国成为高效率、高品质、低能耗的制造强国。

数字化转型不一定要"高大上"，但必须从生产现场的实际出发找到痛点，在功能上做加法，而在具体软件上做减法，这是中工创智从多年的企业数字化转型中总结出的"硬道理"。在十余年的现代汽车集团服务过程中，中工创智团队本身就是从IT到IOT的转型成功者，多年的实践经验表明，企业数字化转型不能为了转型而转型，不能增加生产一线工人的工作负担，而是要通过智能化的改造使原本复杂的工序简单化、标准化、统一化。

二、数字化转型实现路径

企业的数字化转型可以分三步完成。第一步，做好规划。规划要长远，至少要有三年的发展规划。第二步，从"点"开始，小范围实施，做好细化工作。着手要轻，在小范围做试点，但必须是一个完整的生产流程，如一条生产线或一个车间。第三步，快速复制。复制要快，试点的成功经验可在全厂乃至全集团同类型生产线或车间快速复制。

身为世界工程机械五百强的某集团公司是六西格玛管理的践行者。在多年的六西格玛管理践行过程中，徐州工厂作为该集团的旗舰工厂，从利润到管理都是集团的排头兵。2019 年，徐州工厂提出了数字化转型的目标，得到该集团公司中国运营事业部总裁陈先生和徐州工厂总经理的大力支持，特别成立了徐州工厂精益数字化转型小组，并专门为精益数字化转型小组建立了 WAR（With All Resource）Room，也就是精益作战室。这一点十分重要，是数字化转型重中之重：数字化转型必须是"一把手"项目。

在开展生产一线员工调研时，大家汇总了很多关于生产的实际"痛点"问题：现场管理无从下手；在制品堆积严重；生产现场状态监控能力不足；设备故障无法及时处理，造成等待浪费；物料短缺无法及时响应；生产异常数据无法记录统计，无法快速响应解决；损失时间难以统计，影响生产效率及科学绩效评估；经营数据的分析和统计无法做到准确及时。

中工创智提出了引进数字安灯系统解决以上问题的思路。安灯系统起源于日本丰田汽车公司，主要用于实现车间现场的可视化管理。传统的安灯系统指的是企业分布于车间各处的灯光和声音报警系统，是用于收集生产线上有关设备和质量等信息的信息管理工具，但无法解决目前这么多"痛点"问题。而且新的问题也随之而至，传统制造业和老旧生产线改造中不具备布线施工条件。

发现问题就一定能找到解决的办法。将原来异常事件可视化管理升级为声光报警，将异常事件数字化处理以后，通知方式变得更加具有多样性，可以通过同步显示看板、微信、安卓 App、邮件、短信、智能手环进行，还可以根据企业实际情况定制开发。这样就能弥补传统安灯系统的不足。通过工业无线网络进行数据传输，减少了前期基础搭建布线施工的麻烦，项目实施可以快速部署，满足制造业数字化转型的改造提升需求。这样就解决了数据通信传输问题。

通过物联网技术的应用将数字安灯系统推广应用到流程化生产、服务、应急处理、运维保障等领域，通过安灯系统对事件进行侦测和记录，从异常事件扩大到所有类事件，通过这样的迭代改善和知识经验的沉淀积累，除了可以减少事件处理的时间，还能够起到预测的作用，从而让问题事件不再发生。把分析后的异常数据通过云景数字媒体管理系统推送给公司高层、部门负责人、支援人员，他们都可以通过互联网远程实时监控现场各条生产线和各个岗位的状态。

三、数字化的优点

以数字安灯系统为例，精益数字化转型小组总结出数字安灯系统的五大优点：

（1）大大提升企业生产效率：加强工厂车间生产过程管理，信息传递做到快捷化，工序过程透明化，提高生产组织效率。

（2）异常事件可视化管理：生产线异常事件信息做到可视化，声光报警，通知方式多样（同步显示看板、微信、安卓 App、邮件、短信、智能手环），根据企业实际情况定制开发。

（3）优化生产线管理体系：当跟不上生产节拍或有非标准的状况产生时，寻求帮助。使操作过程能够防止缺陷产生或流入下一道工序。

（4）加强各部门的协同能力：加强企业内部协同，将问题第一时间反馈到责任部门，促进解决问题流程的实施及现场管理组织体系的完善。

（5）促进生产持续改善：对工序作业、设备状态、质量问题、供应物料情况等过程进行统计分析，生成报表，对实时采集的现场生产状况数据进行处理、存储与管理，为生产管理的分析和后期的持续改善提供依据。

随着全厂所有近千个工位的数字安灯系统的上线使用，生产系统事件处理效率提高了约40%，停线时间缩减了约80%，大大提高了生产效率，为企业管理层提供了全面准确的决策依据。

离散型重工制造业的精益数字化是一个全新的挑战，没有行业内经验可以借鉴。中工创智组织调研了西门子、美的电器、起亚汽车和现代集团最大零部件供应商摩比斯（MOBIS）等其他行业数字化转型成功的企业。汲取这些企业的数字化转型成功经验后，徐州工厂精益数字化转型小组同中工创智团队共同制定了徐州工厂未来三年的数字化转型规划，并通过中工创智的项目实施团队先后完成生产线数字安灯、加工中心联网、焊接机器人设备综合效率（OEE）提升、云景数字媒体管理系统、智能制造车间等多个试点项目，并且在一年内建立了8个数字化学习俱乐部，吸引了该集团公司中国区不同工厂的100多名成员加入学习。这不仅充分体现了精益生产中全员参与的精神，也为将此次成功经验在全国推广做了铺垫。

参考文献

[1] 马化腾，孟昭莉，闫德利，等. 数字经济：中国创新增长新动能[M]. 北京：中信出版社，2017.

[2] 汤潇. 数字经济：影响未来的新技术、新模式、新产业[M]. 北京：人民邮电出版社，2019.

[3] 马文彦. 数字经济 2.0：发现传统产业和新兴业态的新机遇[M]. 北京：民主与建设出版社，2017.

[4] Erik Brynjolfsson, Brian Kahin. Understanding the digital economy: data, tools, and research [M]. The MIT Press, Cambridge, Massachusetts, 2000.

[5] Rumana Bukht, Richard Heeks. Defining, Conceptualising and Measuring the Digital Economy (August 3, 2017)[C]. Development Informatics Working Paper, 2017: 68.

[6] Elena G. Popkova, Bruno S. Sergi. Digital Economy: Complexity and Variety vs. Rationality[C]. Conference proceedings info: ISC 2021.

[7] Martin Peitz, Joel Waldfogel. The Oxford Handbook of the Digital Economy[M]. New York: Oxford University Press, 2012.

[8] Gérard Valenduc, Patricia Vendramin. Work in the digital economy:sorting the old from the new[C]. Working papers - European Trade-Union Institute (ETUI), 2016.03 (2016) 52 pages.

[9] 张新红. 数字经济与中国发展. 大数据时代[J]，2016(2): 30-37.

[10] 钟春平，刘诚，李勇坚，等. 中美比较视角下我国数字经济发展的对策建议[J]. 经济纵横，2017(4): 5.

[11] 王建军，向永清，赵宁. 基于精益协同思想的航天器系统工程研制管理平台[J]. 系统工程与电子技术，2018, 40(6): 8.

[12] 朱岩，何健，吴宝明，向永清，等. 大数据健康产业论坛众议智慧康养[J]. 数据，2020(9): 4.

[13] 任兴洲. 产业互联网的发展与创新[J]. 中国发展观察，2015, 000(008): 58-59.

[14] 李培楠，万劲波. 工业互联网发展与"两化"深度融合[J]. 中国科学院院刊，2014, 29(2): 8.

[15] 杨继瑞，薛晓，汪锐."互联网+"背景下消费模式转型的思考[J]. 消费经济，2015, v.31; No.178(06): 3-7.

[16] 张志刚，杨栋枢，吴红侠. 数据资产价值评估模型研究与应用[J]. 现代电子技术，2015, 38(20): 5.

[17] 辜胜阻，杨建武，刘江日. 当前我国智慧城市建设中的问题与对策[J]. 中国软科学，2013(1): 6-12.

[18] 罗军舟，金嘉晖，宋爱波，等. 云计算：体系架构与关键技术[J]. 通信学报，2011, 32(7): 19.

[19] 王珊，王会举，覃雄派，等. 架构大数据：挑战、现状与展望[J]. 计算机学报，2011, 34(10): 12.

[20] 洪银兴. 科技创新与创新型经济[J]. 管理世界，2011(7): 8.

本书编写支持单位：

沐盟集团

北京智慧易科技有限公司

广东方柚科技有限公司

湖南盘云科技有限公司

中京荣尚集团

赣西元宇宙与数字经济研究院